보기만 해도 저절로 떠오르는
'역사기억법'
한국사 110

보기만 해도 저절로 떠오르는
'역사기억법'

한국사 110

함께늘봄

머리말 | 책을 만들게 된 이유

'아이들과의 검증된 경험'
책으로 탄생하다.

아이들에게 '창의력을 키우고 싶을 땐 역사연도를 외워봐!'라고 말한다면, 어떤 반응이 돌아올까요? 부모님들께 '사고력과 논리력을 기르고 싶다면 역사연도를 외워보게 하세요!'라고 덧붙이면요?

아마 학생과 학부모님 대부분이 '어떻게 역사연도만 암기하는데 창의력, 사고력, 논리력이 길러져? 암기와 창의력은 정반대의 의미 아니야? 에이~ 말도 안 돼!'라고 말씀하실지도 몰라요. 역사학은 '만약'이라는 가정법이 허용되지 않는 과거가 된 기록이라 없던 것을 만드는 미래지향적 단어인 '창의'와는 어울리지 않는 분야인 데다 역사연도 자체는 아무 의미 없는 단순한 숫자일 뿐이니까요.

그런데 이 책엔 '기억법'이라는 도구를 활용해 창의적 관점으로 역사라는 분야에 접근할 수 있답니다. 기억법이란 내가 기억해야 할 정보에 나만의 의미를 넣어 기억하는 방법이에요. 나만의 의미를 넣는다는 건 무엇일까요? 예를 들어 단순한 숫자에 불과한 역사연도의 숫자 모양을 내게 익숙한 그림의 형태로 바꾼다거나, 일정한 규칙을 미리 정하고 그것을 이용해 숫자가 쉽게 떠오르는 나만의 단어로 생산하는 거예요. '나만의 의미를 부여하는 행위'. 이를 통해 역사 속에서 수많은 창의성이 발휘되어 세상이 지금까지 발전해온 걸 느껴 보세요. 뉴턴의 머리 위에 떨어진 사과. 컴퓨터와 MP3, 인터넷을 하나의 기계로 묶을 생각을 했던 스티브 잡스 등의 사례를 보는 거예요.

　이제 첫 두 단락의 내용에 대한 감이 오시나요? 창의성이란 무(無)에서 유(有)가 아닌, 유(有)에서 뉴(new)를 만들어 내는 과정이에요. 이미 발생한 역사에 '기억법'을 더해 뉴(new)가 탄생하는 거죠. 또한 사건마다 의미를 부여하고 이미지와 단어를 만드는 과정에서 해당 역사 사건과 연관성을 찾아야 하므로 사고의 다양화는 물론, 나만의 의미에 논리적인 이유를 부여하려는 태도도 생긴답니다.

　이 책에 나온 역사연도 기억법은 함께늘봄에서 진행하는 역사체험 프로그램 마지막 단계인 활동지 시간에 녹아있어요. 매년 2만 명 이상의 아이들이 이 체험을 통해 역사연도를 기억하는 방법을 배우고 있답니다. 그 과정에서 나온 생각들이 얼마나 창의적이었는지 아이들과 같이 체험을 진행했던 강사들은 매번 놀라워했고요. 이 즐거운 경험을 통해 우리는 '더 많은 사람과' 넓게 생각할 방법을 공유하고 싶은 마음이 생겼고, 그 결과를 이 책에 온전히 담았어요. 이제 책 속에 나만의 의미를 생산해 보자고요.

　보기만 해도 저절로 떠오르는 한국사 주요 사건 110개 함께 만나러 가 보아요.

고혜정

머리말 ǀ 책을 만들게 된 이유		6
차례 ǀ 110개 역사 이야기		8
쉽고 재밌는 '역사연도 기억법'		12
친절한 책 구성		22

하나 고대·삼국시대
고조선부터 삼국까지 그들의 이야기가 시작되다

001	최초의 나라, 고조선 _ B.C.E. 2333	28
002	고조선, 멸망하다 _ B.C.E. 108	30
003	신라, 시작되다 _ B.C.E. 57	32
004	고구려, 시작되다 _ B.C.E. 37	34
005	백제, 시작되다 _ B.C.E. 18	36
006	고구려, 진대법을 시행하다 _ C.E. 194	38
007	고이왕, 백제를 정비하다 _ 260	40
008	미천왕, 낙랑을 몰아내다 _ 313	42
009	근초고왕, 평양성을 공격하다 _ 371	44
010	소수림왕, 고구려를 정비하다 _ 372	46
011	광개토대왕, 신라를 돕다 _ 400	48
012	장수왕, 평양으로 천도하다 _ 427	50
013	신라와 백제, 동맹을 맺다 _ 433	52
014	장수왕, 한강을 차지하다 _ 475	54
015	지증왕, 신라를 개혁하다 _ 503	56
016	법흥왕, 불교를 공인하다 _ 528	58
017	성왕, 사비로 천도하다 _ 538	60
018	진흥왕, 성왕을 이기다 _ 554	62
019	신라, 가야를 차지하다 _ 562	64
020	온달, 아차산에서 죽다 _ 590	66
021	을지문덕, 수나라를 물리치다 _ 612	68
022	김춘추, 위기에 처하다 _ 642	70
023	고구려, 안시성을 지키다 _ 645	72
024	신라와 당나라, 나당동맹을 맺다 _ 650	74
025	백제, 멸망하다 _ 660	76
026	고구려, 멸망하다 _ 668	78

단비쌤의 생각 사(史)탕　도대체 전쟁은 왜 일어날까요?　80

둘
남북국시대
**통일신라와 발해
한반도가 남과 북으로
나뉘었다**

027	신라, 삼국을 통일하다 _ 676	84
028	신문왕, 왕권을 강화하다 _ 681	86
029	발해, 시작되다 _ 698	88
030	김대성, 불국사와 석굴암을 짓다 _ 751	90
031	장보고, 바다를 지키다 _ 828	92
032	원종과 애노, 반란을 일으키다 _ 889	94
033	견훤의 후백제, 시작되다 _ 900	96
034	궁예의 후고구려, 시작되다 _ 901	98
035	왕건의 고려, 시작되다 _ 918	100
036	발해, 멸망하다 _ 926	102

단비쌤의 생각 사(史)탕 　어디까지가 우리나라인가요? 　104

셋
고려시대
**고려, 고난을 딛고
꽃처럼 피어오르다**

037	왕건, 후삼국을 통일하다 _ 936	108
038	광종, 노비안검법을 실시하다 _ 956	110
039	광종, 과거제를 실시하다 _ 958	112
040	거란, 고려를 침입하다 (1차) _ 993	114
041	강조의 변, 거란 공격 구실이 되다 (2차) _ 1009	116
042	거란, 고려를 침입하다 (3차) _ 1019	118
043	윤관, 별무반을 만들다 _ 1107	120
044	이자겸, 반란을 일으키다 _ 1126	122
045	묘청, 반란을 일으키다 _ 1136	124
046	김부식, 삼국사기를 쓰다 _ 1145	126
047	무신, 정변을 일으키다 _ 1170	128
048	망이와 망소이, 반란을 일으키다 _ 1176	130
049	노비 만적, 반란을 꿈꾸다 _ 1198	132
050	몽골, 고려를 침입하다 _ 1231	134
051	고려, 팔만대장경을 만들다 _ 1236	136
052	삼별초, 몽골에 저항하다 _ 1270	138
053	원나라, 간섭을 시작하다 _ 1271	140
054	공민왕, 개혁을 시도하다 _ 1352	142
055	문익점, 목화씨를 가져오다 _ 1363	144
056	최무선, 화약으로 나라를 구하다 _ 1377	146
057	이성계, 위화도에서 회군하다 _ 1388	148

단비쌤의 생각 사(史)탕 　남자와 여자, 그들의 이야기 　150

넷

조선시대

조선, 세밀하고
아름다운 기록으로
남겨지다

058	조선, 시작되다 _ 1392	154
059	이방원, 왕자의 난을 일으키다 _ 1398	156
060	충녕대군, 세종이 되다 _ 1418	158
061	세종, 훈민정음을 만들다 _ 1443	160
062	수양대군, 정변을 일으키다 _ 1453	162
063	경국대전, 완성되다 _ 1484	164
064	무오년, 사화가 일어나다 _ 1498	166
065	갑자년, 사화가 일어나다 _ 1504	168
066	기묘년, 사화가 일어나다 _ 1519	170
067	을사년, 사화가 일어나다 _ 1545	172
068	서인과 동인, 붕당으로 나눠지다 _ 1575	174
069	임진년, 일본이 쳐들어오다 _ 1592	176
070	대동법, 실시되다 _ 1608	178
071	허준, 동의보감을 완성하다 _ 1610	180
072	광해군, 중립외교를 펼치다 _ 1618	182
073	인조, 반정을 일으키다 _ 1623	184
074	정묘년, 후금이 쳐들어오다 _ 1627	186
075	인조, 청에 굴욕을 당하다 _ 1636	188
076	예송논쟁, 예의로 다투다 _ 1659	190
077	경신년, 환국이 일어나다 _ 1680	192
078	기사년, 환국이 일어나다 _ 1689	194
079	갑술년, 환국이 일어나다 _ 1694	196
080	안용복, 독도를 수호하다 _ 1696	198
081	영조, 탕평을 시작하다 _ 1724	200
082	영조, 균역법을 실행하다 _ 1750	202
083	정조, 왕권을 강화하다 _ 1776	204
084	정조, 수원에 화성을 세우다 _ 1794	206
085	조선, 세도정치가 시작되다 _ 1800	208
086	홍경래, 반란을 일으키다 _ 1811	210
087	김정호, 대동여지도를 만들다 _ 1861	212
088	임술년, 농민들이 일어나다 _ 1862	214

단비쌤의 생각 사(史)탕 _ 이름을 많이 가진 자들의 이야기   216

다섯
근현대

어둠이 찾아와도
빛을 잃지 않았던
우리의 어제,

그리고
오늘의 이야기

089	흥선대원군, 권력을 잡다 _ 1863	220
090	병인년, 프랑스가 쳐들어오다 _ 1866	222
091	신미년, 미국이 쳐들어오다 _ 1871	224
092	일본, 강화도 조약을 강요하다 _ 1876	226
093	임오년, 구식군대가 반란을 일으키다 _ 1882	228
094	갑신년, 김옥균의 삼일천하 _ 1884	230
095	갑오년, 동학이 폭발하고 청일이 전쟁하다 _ 1894	232
096	을미년, 명성황후가 시해되다 _ 1895	234
097	독립협회, 만민 공동회를 열다 _ 1898	236
098	러·일, 조선을 놓고 다투다 _ 1904	238
099	을사년, 외교권을 뺏기다 _ 1905	240
100	정미년, 일본이 옥죄어 오다 _ 1907	242
101	안중근, 이토를 죽이다 _ 1909	244
102	경술년, 나라를 빼앗기다 _ 1910	246
103	신민회, 105인 사건으로 해체되다 _ 1911	248
104	3월 1일, 만세를 외치다 _ 1919	250
105	봉오동과 청산리, 대승을 거두다 _ 1920	252
106	광주학생운동, 전국으로 퍼지다 _ 1929	254
107	이봉창과 윤봉길, 폭탄을 던지다 _ 1932	256
108	8월 15일, 나라를 되찾다 _ 1945	258
109	남과 북, 두 정부가 세워지다 _ 1948	260
110	6월 25일, 전쟁이 일어나다 _ 1950	262

단비쌤의 생각 사(史)탕   우리도 '사랑'할 수 있어요!   264

전문가가 추천하는 시대별 역사 코스 11개	266
220개의 지역별 역사추천 장소	274
사진자료 출처	276

쉽고 재밌는 '역사연도 기억법' 안내서

세상에는 1시간에 숫자 4,620자리를 외우거나,
100명의 얼굴 이름을 5분 안에 외우는 사람들이 있어.
바로 세계기억력대회 선수들이야.

이 사람들은 천재일까?
그렇다면 기억력은 타고나는 것일까?

고윤지 - 국내 및 세계 기억력대회 수상
前 국내 3년 연속 초등챔피언/ 現 이미지 종목 한국 신기록 보유

❝ 기억법을 알고 난 후
난 무엇이든 기억할 수 있다는 '자신감'이 생겼어.

천지와(Chan Chi Wa) - 홍콩 최초 기억력 그랜드 마스터
홍콩 여성부문 기억력 챔피언

❝ 홍콩 챔피언의 비법은 타고난 머리가 아닌
방법을 알고 꾸준히 익히는 데 있어.

타케루 아오키(Takeru Aoki)
일본기억력스포츠협회장 / 中 인기프로그램 TY최강대뇌 일본대표출연

❝ 난 고등학교 때까지 외우는 걸 어려워했어. 하지만 기억법을
알고 난 후 기억법을 통해 4개 국어도 할 수 있게 되었어.

기억력은 기억법만 배우고 익히면
누구나 지금보다 훨씬 좋아질 수 있는 영역이야.

하루 한 시간씩 꾸준히 연습하면 한 달 만에 52장의 카드를 5분 안에 외울 수도 있고, 5분에 단어 100개를 기억할 수도 있어. SBS스페셜 '기억력의 비밀'편에 출연한 고윤지 선수(당시 12세)가 현장에서 5분만에 30명의 얼굴 이름을 기억하거나, 3분만에 30개의 이미지의 순서를 모두 기억한건 성실하게 기억법을 배우고 익혔기 때문이지.

○ ○ ○

우리는 이제 이 '기억법'을 통해서
역사연도를 기억해볼 거야.

기억법은 기억해야 할 내용에 따라 적용되는 방법이 다양한데, 이 책에선 역사연도를 기억하는 '숫자기억법'을 다뤘어. 실제로 세계기억력대회 공식 종목 중 하나인 '역사연도 기억하기' 종목은 10개 종목 중 가장 어려운 종목으로 꼽히기도 해. 하지만 이 책을 보다 보면 '어랏? 이렇게 쉽고 재미있는 것이 어렵다니?' 라고 느껴질 거야.

그럼 이제 함께늘봄 선생님들과 함께
기억법을 배워볼까?

역사연도를 알면 정확하고 빠르게 역사의 흐름을 알 수 있어.

역사의 흐름을 알고 싶다면 사건을 순서대로 보면 돼. 보통은 앞서 일어난 일이 원인이 되어
다음 사건이 발생하거든. 하지만 모든 역사가 물 흐르듯 연결되어 있지는 않아.
그럴 때면 머릿속에서 사건의 순서가 뒤죽박죽 섞여버리게 되지.

이때 우리가 다시 중심을 잡을 수 있도록 도와주는 게 '역사연도'야.
역사연도를 알면 정확하고 빠르게 역사의 흐름을 알 수 있어.

1번과 2번 중
어느 경우에 역사 순서를
더 잘 정리할 수 있을까?

2번이
역사연도가 써 있어서
사건 흐름이
더 정리가 잘 돼요!

1번

홍경래의 난

대동여지도 제작

만민공동회를 열다

임오군란

갑신정변

동학농민운동

2번

1811 홍경래의 난

1861 대동여지도 제작

1868 만민공동회를 열다

1882 임오군란

1884 갑신정변

1894 동학농민운동

역사연도를 기억하는 아주 재밌고 쉬운 방법이 있어.

너희는 혹시 며칠 전에 읽은 글 보다, 몇 년 전에 본 만화나 그림책의 내용이 더 또렷하게 기억난 적 있니?
그건 우리 뇌가 글보다 이미지를 더 쉽게 인지하고, 오래 기억하기 때문이야.

그럼 역사의 흐름을 정확하게 정리해 주는 역사연도 또한 이미지로 만들어
우리 뇌에 저장한다면 더 쉽게 기억해 낼 수 있겠지?

그 방법을 알려줄게.
숫자를 쉽고, 재밌게 기억하는 '숫자 기억법!'

1 자음 변환법
숫자를 자음으로 바꾼 후 초성 게임을 하듯 이미지가 있는 단어로 만드는 방법!
이 책에서 우리는 '자음변환법'을 가장 많이 접하게 될 거야.

2 형태 변환법
숫자의 형태를 이용해 이미지를 만드는 방법!
숫자 8은 눈사람, 모래시계로 상상하고, 숫자 11은 젓가락과 비 모양으로 상상하고,
숫자 3은 입술 파도 또는 붕어 입술 모양으로 상상해보는 거야.

3 발음 변환법
역사연도의 발음을 이용해 이미지를 만드는 방법!
참고로 이 책에서는 역사연도법에 발음변환법을 사용하지 않았어.
하지만 본문의 주인공들과 관련된 단어들에 발음변환법이 주로 사용되었지.

지금까지 소개한 기억법을 자세히 설명해줄게.
페이지를 넘겨보자!

❶ 하나! 자음변환법

자음변환법이란?
숫자를 자음으로 바꾼 후 초성 게임을 하듯 이미지가 있는 단어로 만드는 방법이야.

먼저 두 손바닥을 짜악~ 펴고 따라 해보자.

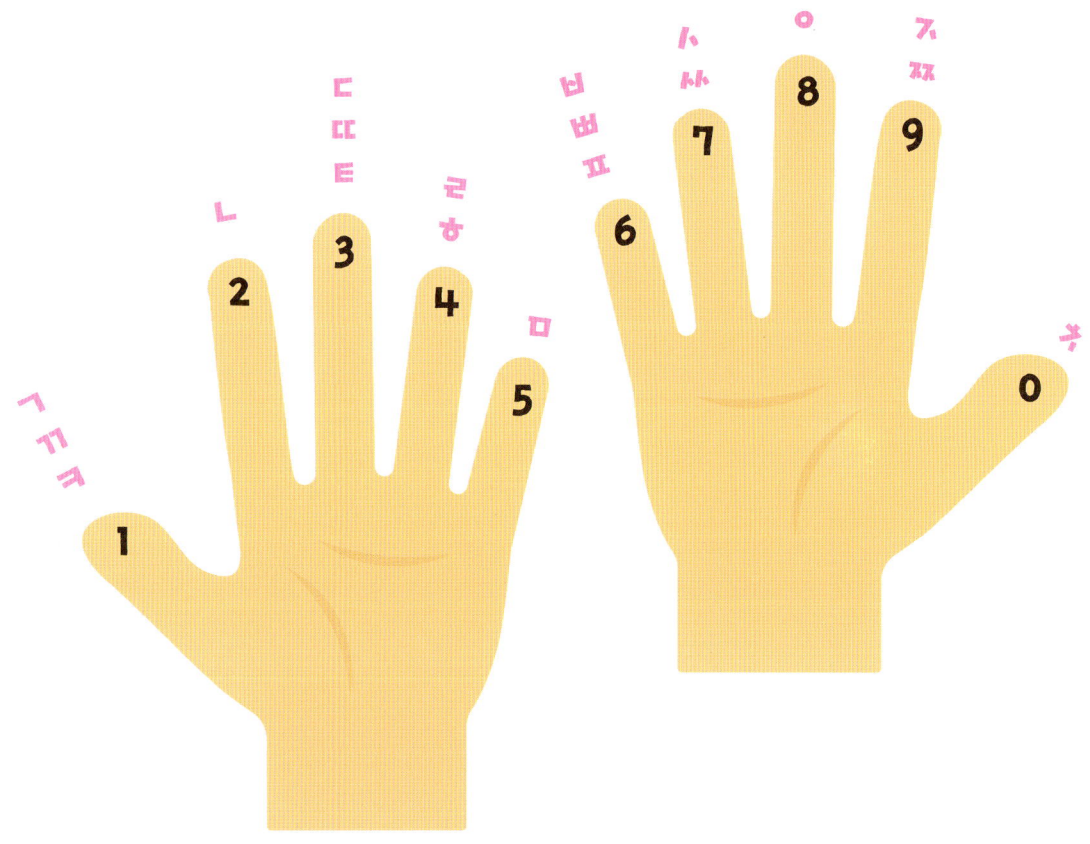

- - - - - 숫자를 자음으로 만드는 방법을 알려줄게. - - - - -

우선, 왼손 엄지부터 오른손 엄지까지 하나씩 접으며 '일, 이, 삼 … 구, 영'까지 말해봐.
그다음 다시 손을 펴고 왼손 엄지부터 오른손 엄지까지 접으며 'ㄱ, ㄴ, ㄷ, …ㅊ' 까지 말해보는 거야.
이것을 3번 정도 반복해서 익숙하게 익혀보자.

그림 속 손가락을 보니 ㄱ, ㄲ, ㅋ 이렇게 비슷하게 생긴 자음들이 짝을 이루고 있지?
하지만 ㅎ은 규칙의 예외로 숫자 4에 붙어있어. 4를 자음으로 바꿀 때는 '사랑해 (4, ㄹ, ㅎ)'를 떠올려봐.

잠깐 TIP

기억법을 잘 사용하기 위해서는 인출 단계에 대해 꼭 알아야 해.
인출이란 보지 않고 떠올리거나, 말하거나, 쓰는 것을 뜻해.

어떤 것을 배운 뒤에는 꼭 인출 단계를 통해 기억나는 것과 아닌 것을 구분한 후 기억하지 못한 부분에 내 남은 에너지를 사용하는 거지. 가장 효율적인 기억전략이라고 할 수 있어.

인출 단계가 없는 기억법은 상상할 수 없을 정도로 기억력선수들도 모두 인출 단계를 중요한 과정으로 꼽아.

미션 : 앞에 배운 자음변환법을 인출해보기

1. 숫자에 해당하는 자음을 써봐.

숫자	자음
8	
4	
7	
5	
9	
2	
0	
6	
3	
1	

2. 자음에 해당하는 숫자를 써봐.

숫자	자음
	ㄷ
	ㅂ, ㅃ, ㅍ
	ㅅ
	ㄱ, ㄲ, ㅋ
	ㅊ
	ㅁ
	ㄴ
	ㅇ
	ㄹ, ㅎ
	ㅈ, ㅉ

이 책에서 이용한 **'자음변환법'**의 예

기억 UP! 고쌤의 상상스토리

신라 문무왕의 삼국통일 축하 SHOW!
모두 박수북을 치고 있어. 박수북의 초성은 ㅂ, ㅅ, ㅂ

ㅂ → 6
ㅅ → 7
ㅂ → 6

따라서, 삼국통일은 676년이라는 걸 쉽게 알 수 있어!

② 형태변환법
두울!

형태변환법이란?

하늘의 구름이 고양이나 화살표로 보일 때 있지 않니? 이처럼 어떤 모양을 내가 아는 모양으로 바꿔 기억하는 방법을 '형태변환법'이라고 해. 이번에는 숫자의 형태(모양)를 나만의 이미지로 바꿔보자.

11

숫자 11의 모양을 보면 무엇이 떠오르니?

쏟아져 내리는 비, 젓가락, 만세 하는 손동작! 자유롭게 상상해봐~ 다른 사람이 안 떠올라도 나만 잘 떠오르면 된다고.

역사연도 중 11로 시작되는 사건들은 이렇게 형태변환법을 사용했어. 아래 그림에서 숨겨진 11 모양을 찾아 동그라미 쳐보자. 두 눈 크게 뜨고 찾아보라고!

✏️ 같이 해보자! 형태변환 연습

아래 숫자를 보고 떠오르는 단어를 써줘 (단, 눈에 보이는 이미지가 있는 단어일 것)

2 ▢   7 ▢   66 ▢

이 책에서 이용한 **'형태변환법'**의 예

💡 **기억 UP!** 고쌤의 상상스토리

바람, 비, 구름 신하들과 함께 마을로 내려가는 환웅의 모습에서 2333이라는 숫자가 눈부시게 빛나고 있어~!

2
3
3
3

2는 마을을 굽어 내려다보는 '환웅'

3은 운사인 '구름'
구름을 관장하는 신이야.

✏️ 형태변환된 아래의 그림들 속에서 **숫자**를 찾아보자.

‖‖ ‖‖ ‖‖ ‖‖ ‖‖ ‖‖ ‖‖ ‖‖ ‖‖ ‖‖ ‖‖ ‖‖ ‖‖ ‖‖ ‖‖

광개토대왕, 신라를 돕다.

☐ ☐ ☐

고조선 한나라에게 멸망하다.

☐ ☐ ☐

3 세엣! 발음변환법

발음변환법이란?

단어의 발음을 이용해 이미지를 만드는 방법이야. 이 책에서는 역사연도법에 발음변환법을 사용하지 않았어. 대신 본문에 등장하는 역사 인물들의 이름에 발음변환법을 주로 사용했단다.

발음변환법에는 1. 동음이의어 2. 비슷한 발음 3. 분해법 4. 도치법 등이 있어.

1. 동음이의어

- 원래 단어와 발음은 같고 뜻이 다른 이미지가 있는 단어로 바꾸는 방법이야.

의자왕　　　신문왕　　　고이왕

2. 비슷한 발음

- 단어의 비슷한 발음을 이용하여 이미지로 만드는 방법이야.

주몽 → **자몽**　　광해 → **광어**　　진흥왕 → **진흙왕**
고구려 → **고구마**

> **깨알 정보!**
> 발음변환법은
> 외국어 단어를 기억할 때 좋아.

3. 분해법

- 단어를 나누거나, 일부분을 이용해 이미지로 만드는 방법이야.

왕건 →
왕건전지

강감찬 → **감**

연산군 →
연기나는 '산'

4. 도치법

- 단어의 음절 순서를 바꾸어 이미지로 만드는 방법이야.

경신환국 →
신경질을 내는 이미지

경신의 음절의 순서를 바꿔서
신경이라는 단어를 만들고,
신경질 내는 이미지로 만든 거야.

친절한 '책 구성'
책의 구성을 놓치지 않고 보면 더 잘 이해할 수 있어

누가
본문의 사건 주인공이 그려져 있어. 캐릭터에는 나라별 특징이나 인물 이름의 발음 별 특징이 담겨 있다는 사실!

지도
지도를 통해 사건 발생지의 지리적 위치를 확인하는 것은 본문 이해에 큰 도움을 줄 거야. 지도 보는 법은 다음 페이지에서 좀 더 자세히 설명해 줄게!

어디서
본문의 사건이 일어난 장소를 적어두었어. 위의 지도와 함께 보면 좋을 거야.

본문
본문을 읽으며 생기는 궁금증을 책의 빈 곳에 적으며 읽어봐. 물론 아무 질문이라도 좋아!

참고사진
본문의 사건과 관련된 장소, 유물 등을 사진으로 담아두었어. 본문과 함께 보면 좋을 거야.

검색 톡톡
본문의 핵심 내용 외에 더욱 다양한 내용을 공부할 수 있도록 검색톡톡에 키워드를 적어봤어. 키워드를 검색해 보면 아래의 생각통통 질문을 고민하는데 큰 도움이 될 거야.

1418년
충녕대군, 세종이 되다

누가 세종
어디서 4군 6진과 쓰시마섬

보통 왕실에서는 첫째 아들을 세자로 두는 것이 일반적인 규칙이야. 그럼 태종 이방원의 첫째 아들 양녕대군, 둘째 아들 효령대군, 셋째 아들 충녕대군 중에 누가 다음 왕이 되어야 할까? 당연히 첫째 아들 양녕대군이 다음 왕위에 올라야겠지?

하지만 양녕대군은 궁궐 생활에 적응하지 못했어. 공부를 싫어하고, 시를 쓰거나 놀러 나가는 걸 좋아했거든. 그러면 둘째 아들 효령대군은 어땠을까? 효령대군은 불교에 심취해 있었어. 아무래도 성리학을 근본으로 하는 조선에서 왕위에 오르기에 적당하지 않았지.

그래서 셋째 아들인 충녕대군이 왕위에 오르게 된 거야. 그가 바로 사상 최고의 성군으로 불리는 세종대왕이야. 세종대왕은 즉위하자마자 왜구들을 토벌하기 위해 이종무 장군을 파견해서 쓰시마 섬을 정벌했어. 그리고 북쪽으로는 토착 여진족을 밀어내고 4군과 6진을 개척해 지금 우리가 알고 있는 한반도 영토를 완성했단다.

세종대왕 시절 만들어진 당대 동북아시아에서 가장 강력했던 무기 '신기전'이야.

검색톡톡 □ 상왕 태종 □ 숭유억불 □ 화폐 속 인물 □ 오스만 제국, 앙카라 전투 대패 (C.E. 1402) □ 아쟁쿠르 전투 (C.E. 1415)

생각통통 강력한 왕권을 가졌던 태종의 아들 세종대왕. 그가 많은 업적을 남길 수 있었던 이유는 무엇일까?

생각 통통
본문을 읽은 뒤 확장된 관점으로 사건을 생각해 볼 거야. 주어진 질문에 대한 너의 생각을 적어봐. 단! 생각통통 질문에 대한 정해진 답은 없어. 너의 생각을 써보는 그 행동이 더 소중하니까.

이때 세계는?
같은 시대, 다른 나라는 어땠을까? 비교, 대조하며 공부하는 법을 익히기 위해 세계 속 사건 키워드를 담아두었어.

잠깐 TIP 이 책을 더 잘 활용하는 방법

기억법에선 '공고화'라는 단어가 있어. 내 기억을 더 강하고 선명하게 남기기 위한 과정이지. '복습(반복해서 익히기)'이라고 생각하면 돼. 그래서 역사연도 이미지를 외우려고 하는 것보다 시간 날 때마다 여러 번 보기만 해도 너의 기억은 더 선명해질 거야.

기억 UP! 고쌤의 상상스토리

고쌤의 상상스토리는 아래 그림을 이해하는 데 도움을 주는 '안내서'같은 거야. 어떻게 하면 이 그림을 좀 더 잘 떠올릴 수 있는지에 대한 설명을 적어두었어. 그리고 문장을 읽으며 그림을 번갈아 보는 것을 추천해. 마치 옆에서 고쌤이 너와 대화하고 있는 것 같을 거야.

1418 역사연도 & 대표단어

기억법으로 숫자변환 시킨 대표단어를 적어두었어. 가끔 숫자 모양을 형태 변환한 경우에는 '형태변환'이라고 적어두었어.

역사연도 이미지

보기만 해도 저절로 역사연도가 떠오르는 이 책의 핵심 그림이야. 고쌤의 상상스토리를 읽으면 그림 이해에 큰 도움이 될 거야.

잠깐!
인물의 복식은 최대한 고증을 따랐지만, 때론 디자인적인 부분을 더 중요시 여기기도 했어.

너만의 이미지를 그려봐!

역사연도를 너만의 단어로 만들어 네모 칸에 적어보고, 그 단어를 생각하며 떠오르는 이미지를 간단하게 그려볼래? 너만의 의미를 담아 직접 시도해본다면 기억에 더욱 선명히 남겨질 거야.

지도를 더 잘 이해할 수 있는
지도 보는 법

하나 나라마다 색을 정했어.

■ 고조선 ■ 부여 ■ 신라 ■ 고구려 ■ 백제 ■ 가야 ■ 발해 ■ 통일신라 ■ 고려 ■ 조선

둘 기호와 선에 담긴 뜻이 있어.

셋 궁궐지도 볼 때 참고해.

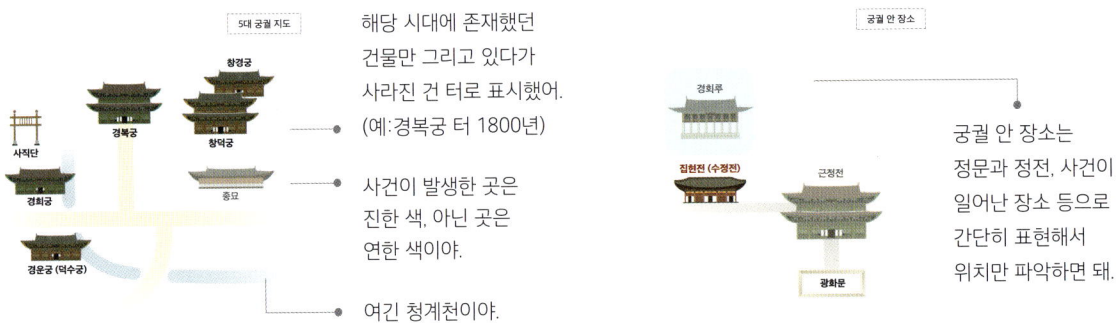

자, 그럼
110개의 한국사 사건 속으로
선생님들과 함께 떠나볼까?

이 책을 만든 우리는

'함께하면 더 아름답다. 그렇게 우린 성장한다.' 라는 문장을
늘 마음에 새기며 사람과 세상을 더 잘 이해할 수 있도록 돕는
인문학 프로그램을 기획 및 진행하고 있어.

어린이뿐만 아니라 역사에 관심 있어 하는 모든 사람에게
현장에서 이야기를 들려주고 그것을 즐기는
함께늘봄의 역사체험 선생님들이지.

B.C.E. 2333~668
고대·삼국시대

B.C.E. 2333
고조선 건국

B.C.E. 108
고조선 멸망

B.C.E. 57
신라 건국

B.C.E. 37
고구려 건국

371
근초고왕 백제 전성기

372
소수림왕 국가 정비

400
광개토대왕 영토 확장

427
장수왕 평양 천도

538
성왕 사비 천도

554
진흥왕 성왕 이김

562
신라 가야 차지

590
온달 전사

660
백제 멸망

668
고구려 멸망

고조선부터 삼국까지
그들의 이야기가 시작되다.

선사시대를 거쳐 한반도에 농경 및 정착 생활이 시작되었어. 여기서 생긴 잉여 재산에 따라 사람들 사이에는 계급이 나누어졌고, 이후 지배자에 의해 세워진 최초의 나라 고조선부터 고구려, 백제, 신라가 등장하는 삼국시대에 이르기까지 고대 역사 속에는 여러 나라가 등장하고, 사라져왔단다. 각 나라는 더 큰 영토와 힘을 갖고자 치열하게 전쟁했고, 이를 위해 여러 가지 제도와 종교를 들여와 왕권 강화에도 힘썼어! 이제 그들의 이야기 속으로 떠나보자. 먼 옛날 '고대시대'가 더욱 가깝게 느껴질 거야.

B.C.E. 18
백제 건국

C.E. 194
진대법 시행

260
고이왕 왕권 강화

313
미천왕 낙랑 축출

433
나제동맹

475
장수왕 한강 차지

503
지증왕 신라 발전

528
법흥왕 불교 공인

612
살수대첩

642
김춘추의 위기

645
안시성 전투

650
나당동맹

B.C.E - 기원전(before the Common Era)
C.E - 서기[서력 기원] (Common Era)
260년 사건부터 C.E는 생략함.
시대별 연도 기간은 책 내용 기준임.

B.C.E. 2333년
최초의 나라, 고조선

누가 단군

어디서 한반도 북부와 랴오둥 지역

짜잔~! 청동기 시대가 시작되었어. 청동은 귀해서 아무나 사용하지 못했을뿐더러 쉽게 구부러지기 때문에 농사에 적합하지 않았어. 그래서 당시 사람들은 반달돌칼 등 석기를 발전시켜 사용했지. 덕분에 과거 석기시대보다 더 많은 곡식을 수확할 수 있게 되자 사람들 사이 곡식의 소유량에 따라 빈부의 격차가 생기기 시작했어. 게다가 부족 사이의 정복 전쟁도 치열하게 일어나며 '계급'이 만들어졌지.

그러던 중 구름과 바람과 비를 숭배하는 환웅의 부족과 곰을 숭배하는 부족이 결혼 동맹을 맺고 우리 역사 최초의 국가인 '고조선'을 세웠단다. 그 당시 고조선은 어디에 있었을까? 고조선의 세력 범위는 대체로 지금의 한반도 북부와 중국 랴오둥반도에 걸친 지점으로 추측하고 있어. 비파형 동검과 탁자식 고인돌이 발견되는 곳이지.

비파형 동검은 상당히 귀한 청동으로 만들어졌어. 그래서 전쟁 시 사용했다기보다는 족장을 위한 장식품으로 생각돼. 고인돌은 예전엔 족장의 무덤이라고만 생각했어. 하지만 지금은 제단이나 다른 용도로 사용했다고 보기도 한단다.

탁자식 형태의 고인돌 무덤이야.
맨 위 덮개돌의 무게만 약 53t 정도라고 해.

 검색 톡톡 ☐ 고조선 건국연도 실체 ☐ 사유재산과 잉여재산 ☐ 세형동검

 ① 4대문명의 발전 (B.C.E. 3500~1500년 경)
② 이집트 고왕국 건국 (~B.C.E. 2181)

 생각 통통 세상에는 재산보다 중요한 것이 많은데, 왜 하필 재산이 많은 사람이 높은 계급을 차지한 걸까?

기억 UP! 고쌤의 상상스토리

환웅이 하늘에서 풍백, 우사, 운사와 함께 무리 3천을 거느리고 태백산 꼭대기 신단수에 내려왔다는 신화 내용을 그림으로 표현해봤어. 바람, 비, 구름을 주관하는 신하들과 함께 마을로 내려가는 환웅의 모습에서 2333이라는 숫자가 눈부시게 빛나고 있지? 환웅과 곰 사이에서 태어난 단군이 세운 고조선의 앞날처럼 말야!

2333 형태변환

2 - ☐☐☐
3 - ☐☐☐
3 - ☐☐☐
3 - ☐☐☐

너만의 이미지를 그려봐!

B.C.E. 108년
고조선, 멸망하다

누가 한무제
어디서 왕검성(현재 평양)

본격적으로 철기를 받아들인 고조선은 빠르게 성장했고, 중국을 지배하고 있던 한나라와 자주 충돌했어. 당시 고조선은 중계무역을 시행하고 있었거든. 그게 뭐냐고? 한반도 남쪽에 위치한 진과 한나라의 직접 교역을 막고 반드시 고조선을 거쳐야만 교역할 수 있도록 하는 거지. 게다가 한나라의 황제 무제는 한나라의 북쪽에 있는 흉노와 고조선이 연합하여 자신의 나라를 공격하지 않을까 염려하고 있었어.

결국 기원전 109년, 두 나라 간의 갈등이 폭발해 한 무제가 고조선을 침략했어. 고조선은 1년간 잘 버텼지만, 길어진 전쟁에 지친 일부 사람들이 성문을 열며 항복했고, 그렇게 고조선은 사라지고 말았지(기원전 108년).

이후 한나라는 한4군을 설치해 점령지를 관리했고 남겨진 한반도 여기저기에선 다양한 부족 국가들이 생겨나기 시작했어.

검색 톡톡
☐ 위만조선 ☐ 중계무역, 중개무역 ☐ 한 무제의 업적 ☐ 우거왕

1. 포에니 전쟁 종전 (B.C.E. 149)
2. 로마 집정관, 뇌물 수수로 파면 (B.C.E. 108)

생각 통통 중계무역이 얼마나 중요하기에 사람들은 전쟁까지 일으켰을까?

기억 UP! 고쌤의 상상스토리

한나라의 철검에 고조선의 방패가 휘어져 부러지는 그림으로 고조선의 멸망을 표현해봤어. **1**모양의 검은 **한나라**를 뜻해. **0**모양의 방패는 **고조선**을 뜻하지. 둘은 팽팽한 긴장 관계를 유지하고 있지만 **8**자 모양으로 뒤틀어진 방패를 보니 **고조선 멸망**이라는 결과가 떠오르지 않니?

108
형태변환

너만의 이미지를 그려봐!

1 -
0 -
8 -

B.C.E. 57년
신라, 시작되다

누가 박혁거세
어디서 한반도 동남부 진한 사로마을

고조선의 멸망 후, 한반도 남쪽에 있던 진국으로 고조선 유민 일부가 모여들었고, 곧 마한, 변한, 진한으로 나누어졌단다. 알에서 태어났다고 알려진 박혁거세는 진한을 구성한 12개 부족 중 하나인 사로국의 지도자였어. 사로국은 훗날 진한의 12개 부족을 통일하고, 삼국 또한 통일해. 혹시 눈치챘니? 이게 바로 신라의 시작 이야기야.

고구려나 백제에선 고 씨, 부여 씨라는 하나의 성씨에서 왕위를 물려받았지만, 신라는 박, 석, 김 세 가지 성씨들이 돌아가면서 왕위를 차지했어. 신라는 그 땅에 살던 토착 세력과 새로 들어온 이주 세력이 힘을 합쳐 만든 나라였기 때문에 어느 한 부족이 뛰어나게 강하지 않았거든. 400년 이후 내물 마립간 때에 가서야 김 씨만 왕위를 이어나가게 되지.

위 지도를 보면 신라는 한반도 동남부에 위치하여 중국과의 거리가 가장 멀었고 육로와 바닷길 모두 막혀 있어 중국의 선진 문물을 쉽게 받아들일 수 없었어. 그래서인지 왕을 부르는 칭호도 거서간, 차차웅, 이사금, 마립간처럼 신라만의 독특한 용어를 사용했어. 이렇게 열악한 환경에서 좁은 땅을 가지고 있는 신라는 앞으로 어떤 역사를 기록하게 될까?

검색 톡톡
☐ 신라 건국의 비밀 ☐ 원삼국시대 ☐ 진국 ☐ 사로국

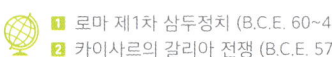
① 로마 제1차 삼두정치 (B.C.E. 60~48)
② 카이사르의 갈리아 전쟁 (B.C.E. 57-)

 왜 하필 왕들은 알에서 태어났다는 설화를 가지고 있을까?

기억 UP! 고쌤의 상상스토리

응애 응애! 힘차게 울고 있는 박 모양의 박혁거세가 보이니? 이 아기는 장차 신라의 시조가 된단다. 옆에서 **만세! (57)** 하고 있는 6 촌장들이 박혁거세를 신라의 왕으로 추대했거든. 박혁거세를 품고 있던 말은 임무를 마쳤는지 우물 위로 날아가고 있고, 아기의 우렁찬 울음소리에 음표가 박자 맞춰 신나게 춤추고 있어. 잠깐! 지금부터 음표가 등장할 때면 신나는 신라! 를 뜻한다는 것을 기억해줘!

57 만세

너만의 이미지를 그려봐!

5 -
7 -

B.C.E. 37년
고구려, 시작되다

누가 고주몽

어디서 졸본성

주몽의 탄생 설화를 이야기해볼까? 어느 날 강가에서 놀던 하백의 딸 유화는 해모수를 만나 아이를 가지게 됐고, 하백은 불같이 화를 내며 딸을 쫓아냈어. 유화는 갈 곳이 없어 울고 있었는데, 마침 부여의 금와왕이 이를 발견하고 가엾이 여겨 거두었지. 시간이 지나 유화가 출산하는데, 놀랍게도 왼쪽 겨드랑이에서 알이 나왔지 뭐야. 금와왕은 이를 괴이하게 여겨 알을 갖다 버렸어. 하지만 동물들은 이 알을 포근하게 품어주었고, 여기서 태어난 아이가 바로 주몽이야.

주몽은 '활을 잘 쏘는 사람'이란 뜻의 이름에 걸맞게 어려서부터 활 쏘는 능력이 탁월했어. 다방면으로 뛰어났던 주몽은 다른 왕자들의 질투와 위협을 받았고 결국 그는 어머니, 아내와 작별하고 부여에서 도망쳐 나왔단다.

졸본으로 내려와 고구려를 건국한 주몽은 인근 토착 세력의 소서노와 재혼했어. 그녀는 주몽이 새 나라의 기틀을 다지는 데 큰 도움을 주었지. 주몽은 소서노를 아끼고 사랑하며 새 아들이 된 아들 비류와 온조도 친자식처럼 여겼어. 고구려를 건국하고 예쁜 가정을 꾸린 네 가족의 앞날에 어떤 일들이 기다리고 있을까?

 검색 톡톡 ☐ 고구려 건국 시기 ☐ 부여, 고구려 관계 ☐ 초기 고구려영토 ☐ 옥저, 동예   ① 로마 제2차 삼두정치 (B.C.E 43) ② 로마, 이집트 점령 (B.C.E. 30)

 생각 통통 고구려의 영토는 실제로 지도에 그려진 크기와 같았을까? 위성 카메라도, 자동차도 없는 고대에 어떻게 국경선을 그릴 수 있었을까?

기억 UP! 고쌤의 상상스토리

37
도성

고구려에 있어 **도성(37)**은 특히 중요했어. 고구려 싸움 전략에 큰 역할을 했거든. 백성들은 보통 평지성에서 살다가 전쟁이 나면 방어 목적으로 지어진 도성(산성)에서 적의 공격을 막았어. 해발 821m 높이의 도성(산성)만큼 주몽이 세운 고구려의 기세도 높아질 것이 기대돼. 그림 속 고구마 모양의 주몽이 보이니? 앞으로 고구려 인물들은 발음이 비슷한 고구마로 표현될 거야. 기억해줘~!

너만의 이미지를 그려봐!

3 -
7 -

B.C.E. 18년
백제, 시작되다

누가 온조

어디서 한성 (현재 서울)

비류와 온조는 왕위를 물려받기 위한 교육에 착실히 임했어. 하지만 어느 날 부러진 칼 하나를 들고 부여에서 찾아온 주몽의 친아들 유리 때문에 고구려의 다음 왕이 될 수 있는 자격을 잃게 되었지. 결국, 그들은 어머니 소서노와 함께 고구려를 떠나기로 해.

고향 압록강 인근에서 출발한 형제는 긴 시간 끝에 한강 인근에 도착했어. 함께 주변을 둘러보며 나라를 세울만한 위치를 진지하게 의논했지만, 서로의 의견이 맞지 않음을 깨닫고, 동생 온조는 한강에, 형 비류는 서해 인천 인근에 나라를 건국했어. 비류는 넓은 강을 끼고 풍족하게 사는 온조의 백성들과 달리, 짠 바닷물 때문인지 농사가 잘되지 않아 힘들어하는 백성들을 보고 한탄하며 자결했대.

결국, 온조가 세운 십제(十濟)는 비류를 따르던 백성들까지 모두 받아들여 세력을 확장했고, 나라 이름을 한 단계 높여 백제(百濟)라고 불렀어. 이렇게 한강에 터를 잡은 백제의 역사가 시작된 거야.

백제의 첫 도성인 '풍납토성'의 모습을 재현한 모형이야. 한성백제박물관에서 볼 수 있어.

 □ 온조 설화 □ 비류 설화 □ 한강하류 토착 세력 □ 유리왕 설화 ① 아우구스투스, 처벌 법 제정 (B.C.E. 18)
② 로마, 게르만 전쟁 (B.C.E. 16)

 너희가 왕이 되었다고 상상한 후, 수도의 위치를 정할 때 가장 고려할 점 3가지를 적어볼까?

기억 UP! 고쌤의 상상스토리

18
가요

방어에 매우 유리한 천연 해자인 한강을 끼고 도읍을 세운 온조는 이곳을 보자마자 얼마나 들떴을까? 콧노래가 나왔을 것 같아. 한강 **가요(18)**~ 탁탁 **가위(18)**로 박자를 타면서 말이야.
온조와 함께 길을 떠난 소서노는 서 있는 소로 표현해봤어. 엉뚱한 이미지는 기억이 잘 나게 돕는단다.

가요~ 가요~
한강 건너 가요~

너만의 이미지를 그려봐!

1 -
8 -

C.E. 194년
고구려, 진대법을 시행하다

누가 을파소

어디서 고구려 전역

고구려의 고국천왕은 흉년에 먹고 사는데 지친 백성들을 보며 고민이 많았어. 이 문제를 해결하기 위한 인재가 필요했지. 그래서 전국을 뒤져 을파소라는 사람을 찾아냈단다.

고국천왕은 뛰어난 능력을 갖춘 을파소에게 높은 관직을 하사했어. 그런데 을파소가 이를 거절하고 "더 좋은 인재를 찾아보시지요."라며 한참을 버티는 거야. 그런 을파소의 속내를 알아차린 왕은 그를 가장 높은 관직인 국상의 자리에 올렸단다.

'진대법'은 고국천왕 16년 을파소의 주도 아래 이루어진 정책으로 추측하고 있어. 백성들이 농사를 망쳤을 때 국가에서 보관하고 있는 쌀을 나눠주고 이자 없이 다음 추수철에 갚도록 하는, 정말 훌륭한 정책이었지.

하지만 진대법은 오래가지 못하고 사라졌단다. 혼란스러운 삼국시대를 겪고 있던 중국 유민들이 고구려로 유입되면서 도와줘야 할 백성의 수가 급격히 증가해 국가 재정에 압박이 온 것이 아닐까 추측하고 있어.

검색 톡톡 ☐ 고국천왕 ☐ 사회 보장 제도 ☐ 고구려 5부 ☐ 황건적의 난

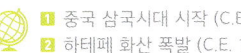
1 중국 삼국시대 시작 (C.E. 194)
2 하테페 화산 폭발 (C.E. 186)

생각 통통 힘없는 백성들을 위한 법이 잘 시행되지 못하는 이유는 무엇일까?

기억 UP! 고쌤의 상상스토리

거지(19) 차림의 백성이 흑흑 울면서 손에 **흙(4)**만 가득 쥐고 있어. 흉년으로 인해 먹을 것이 없어서야. 하지만 저 멀리 희망의 소가 보이지? 소가 잔뜩 가져온 곡식을 받은 백성들은 기쁨의 눈물을 흘리고 있어. 음매~~하고 울고 있는 파란 머리의 소를 보면 진대법을 진행한 을파소 이름이 떠오를 거야.

194 거지흙

1 -
9 -
4 -

260년
고이왕, 백제를 정비하다

누가 고이왕 **어디서** 한성

　삼국은 한강 유역을 차지하기 위해 치열한 싸움을 벌였어. 한강 유역은 비옥한 땅에 농사도 잘되었고, 교통이 뛰어났으며, 바다 건너에 있는 중국과 교류하기에도 유리했거든. 따라서 한강 유역에 나라를 건국했던 백제는 상대적으로 다른 나라들보다 빠른 전성기를 맞이할 수 있었어. 234년에 즉위한 백제 고이왕은 260년, 왕권을 강화하기 위해 6좌평의 관직을 설치하고 신하들의 옷 색깔을 다르게 했어. 그리고 율령을 널리 반포해 뇌물을 받거나 도적질한 사람에게 어떤 벌을 줄지 정했단다. 그런데 잠깐! 고이왕이 굳이 벼슬의 높낮이에 따라 옷 색깔을 다르게 한 이유는 뭘까?

　첫째, 왕보다 화려한 옷을 입어서는 안 된다는 의미였어. 자신보다 신하가 뛰어나서는 안 된다는 왕권 강화 의지를 드러내고자 함이었지. 둘째, 옷 색깔에 따라 맡은 일이 달랐기 때문에 각자의 일에 최선을 다하라는 의미도 담겨있어. 자주색, 붉은색, 청색의 순서대로 중요한 업무를 담당했다고 해. 고이왕은 정책부터 시작해 백제를 작은 부족 국가에서 정식 국가로 성장시키는 데 굉장한 노력을 기울였단다.

검색 톡톡 ☐ 왕권강화　☐ 율령반포　☐ 6좌평과 16품계　☐ 사반왕

 ① 촉한 멸망 (C.E. 263)
② 고전기 마야문명 시작 (C.E. 250~900)

생각 통통 너희가 고이왕이라면 왕권을 강화하기 위해 어떤 방법을 사용할 것 같니? 고이왕과는 다른 방법으로 생각해보자!

기억 UP! 고쌤의 상상스토리

오잉? 갑자기 저 교복 입은 왕은 누구예요? 라고 생각하겠지? 딱! 봐도 고2. 바로 고이왕이잖아. 동음이의어 방법을 활용하여 고이왕과 발음이 같은 고2 왕으로 이미지화 한 거야. 고이왕이 1품에서 16품까지 관리 등급을 나누고 관복 색도 정해준 기념으로 신하들은 '우와! 나에게 이런 색의 옷을 주시다니. 왕에게 더욱더 충성해야겠어!'라며 **나발(26)** 소리에 맞춰 **춤(0)**을 추고 있어.

260
나발춤

너만의 이미지를 그려봐!

2 - ☐☐☐
6 - ☐☐☐
0 - ☐☐☐

313년
미천왕, 낙랑을 쫓아내다

누가 미천왕
어디서 고구려 (현재 평안도 지역)

고조선이 멸망하고 한나라가 설치했던 4군은 대부분 소멸되었으나, 낙랑군과 대방군은 여전히 남아있었어. 하지만 중국 본토에서 멀리 떨어져 있어 중국의 영향력이 거의 닿지 않았지.

마침 중국이 5호 16국 시대라는 혼란의 시기를 겪고 있을 때, 미천왕은 이를 틈 타 영토를 활발하게 넓혀 나갔어. 중국의 서안평을 점령하고, 이름만 남아있던 낙랑군과 대방군을 1년 간격으로 쫓아냈단다.

이렇게 대단한 일을 해낸 미천왕은, 왕이 되기 전 소금 장수였어. 왕의 조카였던 그는 아버지가 권력 다툼으로 돌아가시자 왕족 신분을 숨기고 소금을 팔며 지냈거든. 신분을 숨기고 지내는 동안 그는 소금을 팔다가 누명을 써 얻어맞기도 했고, 부잣집 머슴으로 살며 주인이 잠을 잘 때 개구리 소리가 들리지 않도록 밤새 돌을 던지는 일도 했대. 이런 어려운 시절을 모두 이겨내고 임금이 된 미천왕이 우리 한반도에서 중국 세력을 완전히 쫓아낸 위인이 된 거야.

검색 톡톡 ☐ 한사군 ☐ 소금의 역사 ☐ 미천왕릉(추정)

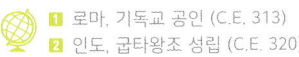
1. 로마, 기독교 공인 (C.E. 313)
2. 인도, 굽타왕조 성립 (C.E. 320)

생각 통통 중국의 영향력이 닿지 않고 있던 낙랑과 대방군을 고구려가 정복하지 않고 방치했던 이유는 무엇일까?

기억 UP! 고쌤의 상상스토리

낙랑군의 눈에는 아마 미천왕이 영토 확장에 미친 사람으로 보였을 거야. 어릴 적 이름인 을불처럼 불타는 머리와 화난 얼굴로 단단한 **돌계단(313)**에서 낙랑군을 밀어내고 있어. 떨어지는 낙랑군의 모습 속에 '낙랑'이란 글자 모양이 보이니? 미천왕의 뜨거운 맛을 제대로 본 낙랑군에 우리 인사하자. 잘 가라~

313
돌계단

너만의 이미지를 그려봐!

3 -
1 -
3 -

371년 근초고왕, 평양성을 공격하다

누가 근초고왕

어디서 평양성

한강 유역에 나라를 세워 일찍이 번성할 수 있었던 백제는 나라의 힘을 점점 키워가면서 고구려와 맞붙기 시작했어. 고구려가 영토의 북쪽에서 중국 전연과의 전쟁에 전력을 다하고 있을 때, 백제는 고구려 남부 국경의 변방 쪽을 공격해 조금씩 차지했지. 이 일에 화가 난 고구려의 고국원왕은 직접 군사를 이끌고 백제와 맞섰어.

하지만 이때 백제 역사상 가장 강력했던 근초고왕이 직접 고국원왕을 상대했단다. 결국 고국원왕은 평양성 인근 어지러운 싸움터에서 누가 쏘았는지도 모르는 화살에 맞아 전사했어.

이후에도 근초고왕은 백제의 남쪽에 남아있던 마한의 작은 나라들을 공격해 54개에 이르는 마한지역 대부분을 통일했고, 일본과 중국의 요서 지방까지 진출하면서 최고의 전성기를 누렸지.

근초고왕이 일본에 하사했던 '칠지도'야. 현재 일본이 국보로 지정해 보관하고 있어.

 검색 톡톡 ☐ 요서 진출 ☐ 칠지도 ☐ 백제의 영토확장 ☐ 고흥의 서기

 1 지중해 동부 쓰나미 발생 (C.E. 365)
2 훈족, 흑해 북쪽에 등장 (C.E. 370)

 생각 통통 국가의 주인이 왕 한 명뿐이던 시절. 왕의 갑작스러운 죽음은 국가에 어떤 위기를 몰고 왔을까?

기억 UP! 고쌤의 상상스토리

근초고왕은 **도성(37)**으로 **고!(1)** 하며 매운맛을 묻힌 화살을 **톡! 쏘고(371)** 있네? 톡 쏘는 매운 초고추장 같은 근초고왕은 근처에 등장만 해도 사람들이 벌벌 떨 만큼 강력한 왕이었어. 평양성을 지키는 양들도 벌벌 떨고 있잖아~ 잠깐! 지금부터 백제에 관련된 인물은 발음이 비슷한 흰 개 '백구'로 표현될 거야. 잘 기억해줘!

371 도성고 톡쏘고

3 -
7 -
1 -

너만의 이미지를 그려봐!

372년 소수림왕, 고구려를 정비하다

누가 소수림왕
어디서 전진에서 고구려

소수림왕이 즉위할 때 고구려는 초상집처럼 침울했어. 소수림왕의 아버지 고국원왕이 백제 근초고왕과의 싸움 도중 전사했기 때문이야. 왕이 절대자였던 시대, 왕이 갑작스럽게 죽으면 나라는 큰 혼란에 빠지게 돼. 소수림왕은 이 위기를 어떻게 극복했을까?

첫째, 태학을 설립했어. 태학은 오늘날의 대학과 같은 곳이라고 생각하면 돼. 위기의 국가를 재건할 인재를 기르기 위해 유교를 바탕으로 한 교육기관을 만든 것이지. 둘째, 중국의 전진으로부터 불교를 수용했어. 소수림왕은 불교를 통해 사람들이 자기를 부처와 같은 존재로 생각해 주기를 바랐거든. 셋째, 율령 반포! 율령이 무엇일까? 지금의 '법'이라고 생각하면 쉬울 거야. 나라에 법을 정해서 상과 벌을 확실하게 내린다면 사람들이 왕의 말을 더 잘 듣겠지? 소수림왕은 역경을 딛고 고구려의 기틀을 완벽하게 다져놓은 훌륭한 왕이었단다.

검색 톡톡 ☐ 중앙 집권 국가 ☐ 5호 16국 전진 ☐ 율령반포 ☐ 불교수용
1. 콘스탄티노플 수도관 완성 (C.E. 373)
2. 로마, 기독교를 국교로 공인 (C.E. 380)

생각 통통 소수림왕의 왕권 강화를 위한 노력으로 가장 많은 혜택을 본 왕은 누구일까?

기억 UP! 고쌤의 상상스토리

372 독사눈 다스님

소수점(0.372) 허리띠에 수풀(림, 林) 앞에선 이 고구마 왕의 정체는? 바로 고구려의 소수림왕이야. 소수림왕의 대표 업적 태학과 불교수용! 나라의 훌륭한 인재를 배출해야 하는 임무를 맡은 태학의 스승은 제자들을 **독사눈(372)**을 뜨고 가르치고 있어. 집중하지 않을 수가 없겠지? 또, 불교를 받아들였던 순간을 기억하기 위해 고구려 어디를 가든 **다스님(372)**인 걸 상상해봤어.

독사눈 다스님

너만의 이미지를 그려봐!

3 -
7 -
2 -

400년
광개토대왕, 신라를 돕다

누가 광개토대왕

어디서 신라 금성과 가야

백제와 친하게 지내던 왜(일본) 나라가 가야와 손잡고 끊임없이 신라를 괴롭히자 신라는 고구려에 도움을 요청했어! 신라의 구원 요청을 받은 광개토대왕은 잠시 북쪽으로 땅을 넓히는 일을 멈추고 발길을 돌려 신라의 도읍 금성(경주)까지 쳐들어온 왜구와 가야를 무찔렀지. 고구려는 신라를 도운 대가로 100여 년간 신라의 내정에 간섭할 수 있었어. 혹시 경주의 호우총에서 발견된 호우명그릇에 대해 들어본 적 있니? 그것은 밑에 '광개토지호태왕'이라는 글자가 새겨진 고구려 그릇이야. 광개토대왕의 힘이 신라의 수도였던 경주까지 깊숙하게 미쳤다는 사실을 알 수 있는 유물이지.

신라를 도와준 이후, 다시 북쪽으로 시선을 돌린 광개토대왕은 이름만 남아있던 부여를 멸망시키고 고구려의 영토를 어마어마하게 확장해. 얼마나 땅을 넓혔으면 그의 시호가 廣(넓을 광) 開(열 개) 土(흙 토) 대왕일까?

광개토대왕 이름이 새겨진 '호우명'그릇이야.
신라 땅에서 발견되어 고구려와 신라의 관계를 알 수 있는 유물이란다.

검색 톡톡 ☐ 광개토대왕 남진정책 ☐ 내물 마립간 ☐ 대왕의 의미 ☐ 후연

1. 로마제국, 동서로 분열 (C.E. 395)
2. 일본, 벚꽃 재배 시작 (C.E. 400년 경)

생각 통통 고구려는 신라를 도와준 대가로 신라에 100여 년간 정치적인 간섭을 했어. 대체 왜 국가끼리는 조건 없이 서로를 도와주지 않는 것일까?

기억 UP! 고쌤의 상상스토리

북쪽에 있는 고구려가 남쪽에 있는 신라를 도와준 연도 400년을 형태변환 해봤어. 먼저 밝게 빛나는 '대(大)'자를 찾아볼래? 마치 광개토대왕의 위대함을 밝혀주는 것 같지? 숫자 **4**는 북에서 남으로 내려온 방향을 강조해 **방위표시**로 표현했고, 숫자 **00**은 신라에서 발견된 고구려의 유물 '**호우명**' 그릇으로 표현해봤어. 당시 고구려의 힘이 얼마나 강력했으면 신라를 도와줄 수 있었던 걸까?

400 형태변환

4 – ☐☐☐
0 – ☐☐☐
0 – ☐☐☐

너만의 이미지를 그려봐!

427년 장수왕, 평양으로 천도하다

누가 장수왕

어디서 국내성에서 평양으로

북쪽으로 고구려의 영토를 확장했던 광개토대왕이 사망하자 아들 장수왕은 남쪽으로 고개를 돌려 영토 확장을 계획했어. 그리고 고구려의 수도를 평양성으로 옮겼단다. 삼국사기 고구려본기 광개토대왕전을 보면 광개토대왕도 평양 순행을 자주 했다던데, 왜 고구려의 왕들은 이토록 평양을 신경 썼을까?

무엇보다 백제의 영토였던 한강 유역을 차지하기 위해서였지. 앞서 이야기했듯이 한강 유역은 교통도 좋고 사람이 살기 좋은 땅이니까. 또한 중국 북쪽 왕조들에게 간섭받지 않고 안전한 바닷길을 통해 중국 남쪽의 왕조들과 교류하고 싶었을 거야. 당시 중국 남쪽 왕조들은 문화적으로 몹시 발달한 지역이었거든.

고구려가 남쪽으로 시선을 돌리자 백제는 위협을 느끼기 시작했어. 그래서 옆 나라 신라와 동맹을 맺고 자신들의 땅을 지키기 위해 온 힘을 쏟아부었지. 장수왕이 고구려의 수도를 평양으로 옮긴 정책은 우리나라의 역사를 바꾼 주요 사건 중 하나란다.

장수왕이 아버지 광개토대왕의 업적을 기리기 위해 만든 '광개토대왕릉비'야.

 검색 톡톡 ☐ 남진정책 ☐ 북연(고운) ☐ 남북조시대 강남 개발 ☐ 등거리 외교

 ❶ 남북조 시대 시작 (C.E. 420)
❷ 화산 폭발로 마야 파괴 (C.E. 430)

 생각 통통 인터넷에서 광개토대왕과 그의 아들 장수왕의 모습을 찾아보자. 광개토대왕은 표준영정이 남아있지만, 장수왕의 모습은 상상도만 남아있어. 표준영정과 상상도의 차이는 무엇일까?

기억 UP! 고쌤의 상상스토리

장수풍뎅이 뿔 모양 관을 쓰고 평양냉면을 들고 가는 장수왕이 보이니? 장수왕의 평양 천도라는 사건명을 잘 떠올리게 하기 위한 힌트 이미지란다. 장수왕 아래를 보니 **화난소**(427)가 **흙냄새**(427)를 맡으며 화를 가라앉히고 있어. 아마도 먼 거리를 걷다 보니 화가 많이 났나 봐. 아님 고국원왕의 패배에 화났을 수도! **하늘색**(427) 하늘 보며 기분 풀고 가렴~

427
화난소

너만의 이미지를 그려봐!

4 -
2 -
7 -

433년
신라와 백제, 동맹을 맺다

누가 비유왕(백제), 눌지마립간(신라)

어디서 신라와 백제

고구려의 장수왕은 이전 근초고왕과의 전투에서 죽임을 당한 증조할아버지(고국원왕)의 원수를 갚기 위해 백제를 향해 쉼 없이 돌진했어. 그런 고구려를 막기에 백제는 너무 작은 국가였지. 그때 백제가 한 선택은? 옆 나라 신라에 동맹을 요청했단다.

당시 신라는 광개토대왕의 도움을 받은 이후로 계속해서 고구려에 간섭을 받아왔어. 이에 고구려의 간섭에서 벗어날 기회를 호시탐탐 노리고 있었지. 신라는 이때다 싶어 백제의 손을 잡았고, 그렇게 남쪽의 두 나라가 고구려를 대적하기 위해 뭉쳤단다. 이 동맹을 신라의 '라', 백제의 '제'를 따서 '나제동맹'이라고 불러. 고구려와 맞붙은 나제동맹! 이 전쟁의 결과는 어떻게 되었을까?

백제 송산리 고분에서 발견된 신라산 '허리띠 장식'이야. 두 나라 간 결혼 동맹의 증거지.

 검색 톡톡 □ 나제동맹(1차, 2차) □ 자연재해와 왕권약화

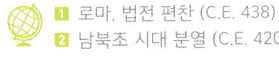
1 로마, 법전 편찬 (C.E. 438)
2 남북조 시대 분열 (C.E. 420)

 생각 통통 작은 나라들은 강대국을 막기 위해 서로 동맹을 맺곤 했어. 나라 간에 동맹은 어떻게 시작되고, 끝날까?

기억 UP! 고쌤의 상상스토리

후덜덜 후덜덜. 백제와 신라가 떨고 있어. 강력한 고구려 장수왕이 남쪽으로 쭉쭉 내려오고 있었기 때문이야. 후다닥후다닥! 신라와 백제는 동맹을 맺었어. 비에 맞아 떨고 있는 백제의 비유왕. 얼굴이 누렇게 뜨고 누룽지처럼 바싹바싹 건조해진 신라의 눌지왕. 우리 함께 눈을 감고 신라와 백제가 되어보자. **후덜덜(433)** 몸을 떨며 **후다닥(433)** 손을 꼭 맞잡아 보는 거야!

433 후덜덜 후다닥

475년
장수왕, 한강을 차지하다

누가 장수왕

어디서 한성의 한강 유역

중국의 몇십만 대군과 싸우고도 버텨낸 고구려가 고작 몇천 명의 군사를 보유한 나제동맹을 두려워했을까? 아니었지!

하지만 이 시기에 중국의 강대국인 북위가 자꾸 고구려의 북쪽 영토를 건드리는 거야. 북쪽에선 북위를 막고, 남쪽으로는 나제동맹과 맞서 싸워야 한다니... 장수왕도 상당히 곤란했겠지? 그래서 장수왕은 기막힌 전략을 세웠어. 스파이(?) 역할을 해줄 도림이라는 승려를 백제로 파견한 거야. 당시 백제를 다스리던 개로왕이 바둑을 무척 좋아했던 점을 이용해 도림은 개로왕과 친밀한 관계를 맺었어. 그리고 개로왕이 전쟁 준비는 뒤로한 채 바둑에만 정신이 팔려있도록 만들었지!

결국 고구려군의 급습으로 개로왕은 전사했고, 약 500여 년간 이어져 오던 한강 유역의 한성백제 시대는 막을 내리게 되었단다. 한강 유역을 차지한 장수왕은 남한강 상류인 지금의 충북 충주에 '중원고구려비'를 건립했어. 이 비석의 내용을 보면 여전히 고구려가 신라에 강한 영향을 미치고 있었다는 사실을 알 수 있단다.

한반도에 유일하게 존재하는 고구려의 비석, '중원고구려비'야.

검색 톡톡 ☐ 한강 유역의 중요성 ☐ 문주왕 ☐ 도림과 바둑 ☐ 장수왕의 외교정책

1. 서로마 제국 멸망 (C.E. 476)
2. 프랑크 왕국 성립 (C.E. 481)

생각 통통 고구려와 백제 모두 서로에게 왕이 죽임을 당하는 어려움을 겪었어. 하지만 고구려는 이후에 전성기를 맞이했고, 백제는 쇠퇴기를 겪었지. 두 나라 간의 행보에 어떤 차이가 있었던 걸까~?

기억 UP! 고쌤의 상상스토리

와~~하는 함성 들리니? 휴... 하는 한숨 소리 또한 들리지? 고구려 첩자 도림의 계략으로 백제의 개로왕은 괴롭게 죽고, 이에 장수왕은 기세를 떨치며 남쪽으로 쭉쭉 내려오고 있어. 고구려에는 **함성만(475)** 백제에는 **한숨만(475)** 가득하구나.

475 함성만 한숨만

4 -
7 -
5 -

너만의 이미지를 그려봐!

503년
지증왕, 신라를 개혁하다

누가 지증왕   **어디서** 금성

김지대로. 그는 신라의 21대 임금이었던 소지 마립간의 친척 동생이었어. 이후 소지 마립간이 후사 없이 사망하자 22대 신라의 임금 자리에 김지대로가 올랐지. 그가 바로 신라의 마지막 마립간이자 첫 번째 왕인 지증왕이야.

지증왕은 왕이 된 후 신라를 더욱 강한 나라로 만들기 위해 주위를 둘러봤어. 전쟁을 꼭 육지에서만 하라는 법이 있나! 장군 이사부에게 명하여 평소 신라에 항복하지 않고 있던 섬나라 우산국(울릉도)을 점령하게 했고, 이사부는 가짜 괴물을 만들어 '항복하지 않으면 괴물들을 섬에 풀어놓겠다'고 겁을 주는 방법으로 우산국을 손쉽게 정벌했지. 영토(土)만큼 영해(海)를 많이 확보하는 것도 바다에 둘러싸인 한반도의 필수 과제 중 하나였거든.

지증왕은 우산국 정벌 외에도 다양한 일들을 해냈는데, 우선 사로, 사라 등 여러 가지로 불리던 나라의 이름을 '신라'로 통일했어. 또 마립간이라는 칭호를 버리고 '왕'이라는 칭호를 사용했지. 농업의 생산력을 높이기 위해 소의 힘을 빌려 농사를 짓는 우경을 널리 퍼트리고, 높은 사람이 죽었을 때 그 사람의 종까지 함께 죽여 묻었던 순장을 금지했단다. 이렇게 나라에 많은 변화를 일으킬 수 있었던 것은 그만큼 지증왕의 힘이 강력했기 때문이겠지?

 검색 톡톡 ☐ 신라 왕호 변천 ☐ 우경 ☐ 순장 ☐ 우산국

 ❶ 영국의 아서왕 신화 등장 (C.E. 476~6C 초반 추정)
❷ 미카엘의 성상화를 만듦 (C.E. 6C 초반 추정)

 생각 통통 나라의 이름을 바꾼다는 건 결코 쉽지 않은 일이야. 그럼에도 불구하고 왕들이 과감하게 국가 명을 바꿀 때가 있어. 그 이유는 무엇일까?

기억 UP! 고쌤의 상상스토리

지증왕 하면 지렁이가 떠올라. 지렁이가 식물에 영양분을 주어 잘 자라게 하듯, 지증왕도 여러 정책으로 신라를 키워갔거든. 강하게 **망치(50)**를 **탕(3)**! 치며 뭐든지 결단력 있게 행동했던 지증왕 덕분에 신라의 기틀은 단단해졌어. 1. 국호변경 2. 우산국정벌 3. 우경 4. 순장 폐지 등 지증왕의 망치탕(503) 장면을 눈을 감고 상상해 보자. 탕탕탕!

503
망치탕

너만의 이미지를 그려봐!

5 -
0 -
3 -

528년 법흥왕, 불교를 개혁하다

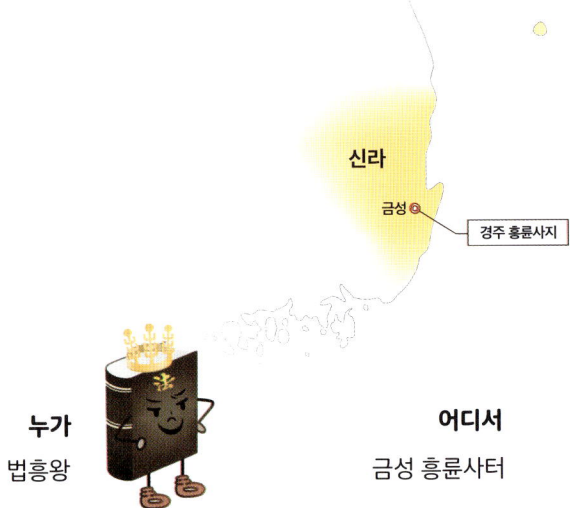

누가 법흥왕
어디서 금성 흥륜사터

지증왕의 아들 법흥왕은 아버지의 뒤를 이어 신라를 성장시키고 싶어 했어. 그래서 520년 율령을 반포했고, 관직의 등급에 따라 따라 옷 색상을 다르게 정하기도 했지. 그리고 새로운 종교인 '불교'를 받아들여 온 나라에 퍼뜨리기 위해 힘썼는데, 해와 달, 별과 동네 소나무를 믿으며 살았던 당시 신라 백성들에게 아무리 불교를 믿게 하려고 해도 소용이 없는 거야.

그래서 법흥왕은 이차돈과 함께 계획을 세웠어. 이차돈이 불교를 공인해달라고 애원하면 법흥왕이 이차돈의 목을 베기로 한 거야. 다음날, 계획대로 이차돈은 왕에게 불교를 공인해달라고 요청했고, 왕은 이미 끝난 이야기라며 그의 청을 거절하고 목을 치라 명령했지. 그때 이차돈이 말했어. "만약 부처님이 계신다면 내 목에서 흰 피가 나올 것이다."

과연 어떻게 되었을까? 정말 그의 목을 치자 흰 피가 쏟아졌어. 이 광경을 지켜본 신하들은 벌벌 떨면서 불교를 믿지 않을 수 없었지. 결국 다음 해인 528년, 불교는 그렇게 신라의 국교가 되었단다.

왕명을 거역했다는 죄로 참수형을 당한 이차돈의 순교비야. 국립경주박물관에서 볼 수 있어.

검색 톡톡 □ 흥륜사 터 □ 화백 □ 냉수리 신라비 □ 봉평리 신라비

1. 교황 요한 1세, 교회력 제작 (C.E. 525)
2. 동로마 유스티아누스 즉위 (C.E. 527)

생각 통통 당시 신라는 왕의 성씨를 박, 석, 김 3가지로 썼어. 그리고 이차돈은 왕족이었지. 그렇다면 여기서 퀴즈! 이차돈의 성은 무엇일까? 당연하게 이 씨라고 생각하진 않겠지?

기억 UP! 고쌤의 상상스토리

그림 속에 손에 2자를 그리며 순교한 이차돈이 보이니? 이차돈 덕분에 법흥왕에게 반대의견을 냈던 귀족들도 불교를 거절할 수 없게 되었어. 귀족들을 꽉 잡고 있는 법흥왕과 죽은 이차돈의 영혼이 하이파이브를 하고 있네! 간절했던 이차돈의 바람은 이뤄졌고, 그는 이렇게 외치고 있어. '우리 모두 극락 세상에서 **만나요(528)**'

528 만나요

5 -
2 -
8 -

너만의 이미지를 그려봐!

538년 성왕, 사비로 천도하다

누가 성왕
어디서 웅진(공주)에서 사비(부여)로

고구려의 장수왕에게 개로왕이 죽임을 당하고, 한강까지 빼앗긴 이후 비참한 현실을 맞이한 백제는 웅진(공주)으로 수도를 옮기고, 웅진 백제로서 새 출발을 다짐했어. 이후 기틀을 다지는 과정에서 왕이 귀족에게 살해당하는 등 우여곡절을 겪었지만, 무령왕의 아들 성왕은 쉽게 포기하지 않았지. 그는 '다시 힘을 내어 백제의 옛 땅을 회복하리라!'는 마음가짐으로 538년, 사비(부여)로 수도를 옮긴 뒤, 나라 이름을 남부여로 바꾸는 등 국가 재건의 의지를 강하게 보였어. 실제로 사비에서 안정을 찾아가던 백제는 금동대향로, 산수무늬 벽돌 등의 문화유산에 강국으로 재도약하고자 하는 마음을 담아내기도 했단다.

그리고 550년, 백제는 신라와 다시 한 팀을 이뤄 고구려의 한강 유역을 공격했어. 결과는 어땠을까? 성공! 한강 위쪽의 10군은 신라가, 한강 아래쪽의 6군은 백제가 차지하는 데 성공한 거야. 완벽하진 않았지만 삼국시대의 강자가 되기 위해 반드시 차지해야만 했던 그곳, 한강을 되찾은 거지. 성왕은 백제의 미래를 환히 밝힌 훌륭한 왕이었어.

백제금동대향로(우)와 산수무늬벽돌(좌)
사비백제 시절의 높은 문화 수준을 보여주는 유물이야.

검색 톡톡 ☐ 무령왕 ☐ 위덕왕 ☐ 웅진 ☐ 사비 ☐ 남부여

1. 동로마, 최대 영토 이룩 (C.E. 533~535)
2. 동로마, 성 소피아 성당 준공 (C.E. 537)

생각 통통 백제는 왕의 성씨도 부여, 마지막 수도 이름도 부여, 심지어 나라 이름도 남부여야. 부여와 백제는 도대체 무슨 사이인 걸까?

> 🔆 **기억 UP!** 고쌤의 상상스토리

백제의 웅진(공주)과 사비(부여)시대의 도읍 모양을 보면 확실한 차이점이 있어. 쫓기듯 내려와 터를 잡아야 했던 웅진과 다르게, 철저한 계획을 통해 정한 사비는 말할 것도 없이 명당이었지. 그림 속에서 성 깃발 모자를 쓰고 있는 성왕은 부여를 가리키며 이곳은 **명당임**(538)하고 있고, 웅진백제시대 때 왕권이 약해서 호족들에 죽임을 당했던 **무덤위**(538) 왕들은 성왕을 응원하고 있어. 깜짝 퀴즈! 왜 영혼은 4명일까?

538
명당임
무덤위

무덤위 백제 왕들도 사비천도를 응원해요~

저곳이 바로 **명당임** 룰루~

너만의 이미지를 그려봐!

5 -
3 -
8 -

554년
진흥왕, 성왕을 이기다

누가 진흥왕

어디서 한강

백제의 성왕은 재위 이후 끊임없이 달려왔어. 그러니 잠시 휴식을 취하며 나라 내부를 재정비하고자 했지.

하지만 신라는 달랐어. 이제 막 성장하기 시작해 전성기를 코앞에 두고 있었거든. 553년, 신라는 한때 연합했던 백제(남부여) 영토인 한강 하류를 차지하기 위해 기습공격을 했고, 백제(남부여)는 다시 한강 아래쪽 대부분을 빼앗기고 말았어. 성왕은 신라의 배신으로 한강을 빼앗겼다는 사실에 이성을 잃고 그다음 해인 554년, 왜, 대가야와 연합을 이루어 신라와 맞붙는 대격전을 벌였단다.

하지만 성왕의 비장함에도 불구하고 백제(남부여)는 전쟁에서 패했고, 성왕은 신라군에 붙잡혀 비참하게 생을 마감했어. 신라의 진흥왕은 승리의 기세를 살려 신라 역사상 가장 큰 영토를 차지했고, 본인의 힘으로 얻은 많은 것들을 기념하기 위해 신라 영토를 순수하며 이곳저곳에 총 4개의 순수비를 남겼어.

진흥왕이 업적을 기념하기 위해 영토를 순행하며 남긴 '북한산 진흥왕 순수비'야.

 검색 톡톡 ☐ 독산성 전투 ☐ 관산성 전투 ☐ 순수비 순수 뜻

 1 인도, 굽타 왕조 멸망 (C.E. 550)
2 비잔틴 제국, 스페인 점령 (C.E. 554)

 생각 통통 땅을 정복한다고 전쟁이 끝나는 것은 아니야. '전쟁이 끝난 뒤에 정치가 시작된다'라는 말이 있거든~ 땅을 정복하는 것과 땅을 지배하는 것에는 어떤 차이점이 있을까?

기억 UP! 고쌤의 상상스토리

554년은 백제와 신라의 운명이 바뀐 해라고 생각돼. 나라를 재정비해야 할 성왕은 신하들의 만류에도 불구하고 한순간의 선택으로 전투 중 목숨을 잃었고, 오히려 신라는 한강을 차지하면서 더 강해지는 계기가 되었거든. 그림 속에 진흙이 잔뜩 묻은 신라의 진흥왕은 성왕을 **만만해(554)** 라고 생각하고, 죽은 성왕은 자신의 선택을 **무모해(554)** 하며 한탄하고 있어.

5 5 4
만만해
무모해

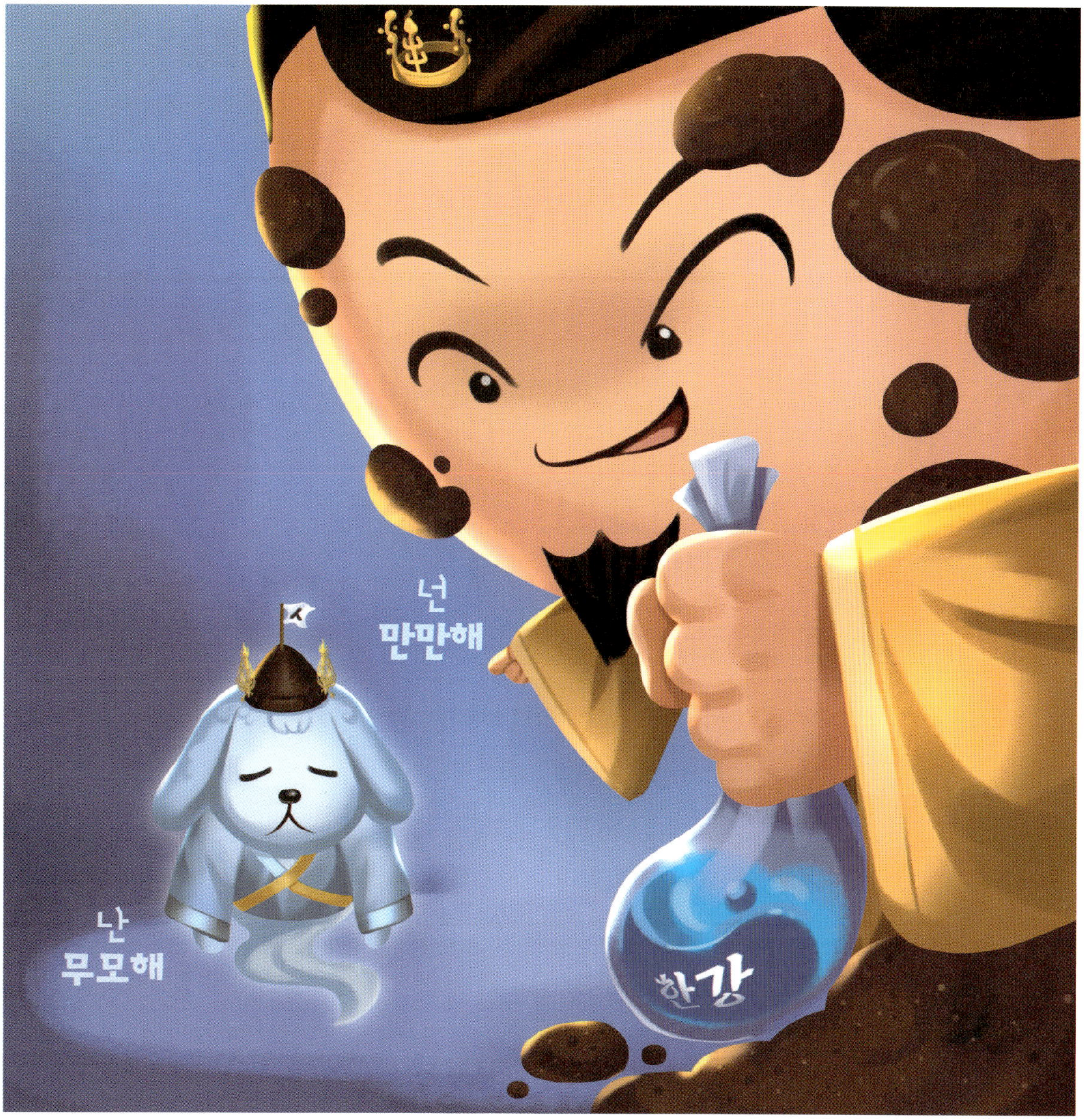

562년 신라, 가야를 차지하다

누가 진흥왕
어디서 가야 연맹 (현재 경북 고령군)

가야는 철을 생산하고 가공하는 기술력이 뛰어나 중국, 일본과 독자적인 교류를 할 만큼 힘 있는 나라였어. 하지만 연맹국가의 형태에서 힘이 왕 한 명에게 집중된 중앙집권국가로 성장하진 못하였고, 이는 주변국과의 전쟁 때마다 치명적인 약점으로 작용했지.

결국 532년, 금관가야의 구형왕을 시작으로 가야 연맹이 잇달아 항복하며 562년, 신라는 대가야를 중심으로 남아 있던 가야 세력들을 완전히 지도에서 지워버렸단다.

신라는 가야인들을 전쟁 포로로 취급하지 않고 잘 살 수 있게 해주었어. 특히 금관가야의 구형왕은 신라 왕족 혈통 중 하나인 진골로 포함해주기도 했지. 이렇게 신라가 가야인들을 잘 돌봐준 것은 신의 한 수였단다. 왜냐하면 훗날 구형왕의 자손들이 신라에서 대대로 장군직을 맡아 큰 공을 세우게 되거든. 구형왕의 아들 김무력은 백제 성왕을 전사 시킨 전투의 지휘관이었고, 손자 김서현은 대장군을 맡았으며, 증손자인 김유신은 삼국통일의 주역이 되었어.

만약 이렇게 힘 있는 장군들이 적진에 서서 신라와 맞섰더라면 어땠을까? 왜 신라의 가야 포용정책을 신의 한 수라고 표현하는지 알겠지?

철이 다량으로 생산되었던 가야의 '철갑옷'이야.

 검색 톡톡 ☐ 가야 연맹 ☐ 임나일본부설 ☐ 화랑

1. 당나라 고조 이연 출생 (C.E. 566)
2. 롬바르디아 왕국 성립 (C.E. 568)

 생각 통통 가야 출신 사람들이 신라에서 높은 관직을 맡게 됐을 때 신라가 감수할 위험은 없었을까?

💡 **기억 UP!** 고쌤의 상상스토리

신발이 발을 보호해주는 것처럼 나라는 백성을 보호해주는 존재야. 그래서 멸망한 나라의 백성들은 마치 신발이 사라진 맨발 같은 신세라고 생각했어. 그림 속에 멸망한 금관가야 사람들이 보이니? **맨발님(562)**들은 어디로 가고 있을까? '가야지 가야지, 신라로 가야지' 체념한 듯한 가야인들과 달리 저 멀리서 신나는 음표와 함께 손짓하는 진흙 묻은 진흥왕이 보여.

562 맨발님

5 -
6 -
2 -

너만의 이미지를 그려봐!

590년
온달, 아차산에서 죽다

누가 온달

어디서 아차산

　삼국사기에 온달이라는 인물이 나와. 바보 온달이 고구려의 평강공주와 결혼했다는 얘기. 왕의 사위로서 한순간에 고구려 최고 장군의 위치까지 오른 온달은 중국의 후주와 전투를 벌여 눈부신 업적을 남겼어. 이젠 부끄러운 바보가 아닌 자랑스러운 왕의 사위가 된 거야.

　이후 590년에 장인인 평강왕(평원왕)이 사망하고, 다음 왕이 된 영양왕에게 온달은 자신이 신라 정벌에 실패하면 다시 돌아오지 않겠다는 비장한 각오를 남기고 전쟁에 나갔어. 하지만 안타깝게도 온달은 아차산성에서 전사하고 말았지. 이후 전사한 온달의 시신을 옮겨와 장례를 치르고자 하는데 온달의 관이 꿈쩍도 하지를 않았대. 그때 평강 공주가 다가와 "이제 죽음이 결정되었으니 떠나시지요."라고 말하니 그제야 관이 움직이기 시작했다고 해. 온달이 지닌 장군으로서의 의지와 평강공주에 대한 깊은 사랑이 느껴지지 않니?

온달장군이 물을 마신 곳임을 기념하기 위해 후대에 세워진 석탑이야.

검색 톡톡　☐ 아차산성과 온달산성　☐ 영양왕 즉위　☐ 온달 신라 전쟁 이유

① 비잔틴 제국 페르시아 격파 (C.E. 590)
② 서로마, 그레고리 1세 등극 (C.E. 590)

생각 통통　온달은 정말 바보였을까? 그랬다면 나라에서 가장 안전한 궁궐에 사는 평강공주의 귀에 온달의 이야기가 어떻게 전해질 수 있었던 걸까?

기억 UP! 고쌤의 상상스토리

590
망자천

아차산성 전투에서 죽음을 맞이한 온달의 앞에 소식을 듣고 달려온 평강공주가 울고 있어. 죽은 사람을 우리는 망자라고 한단다. 고구려의 용맹한 장수 온달은 **망자(59)**가 되어 **천(0)**에 감싸져 있어. 붉게 물든 노을이 지면 곧 깜깜한 밤이 되듯, 뜨거웠던 온달도 차갑게 식어 묘지에 들어가겠구나.. 하지만 온달과 평강의 이야기는 영원히 기억되어 누군가의 마음을 울릴 거야.

너만의 이미지를 그려봐!

5 -
9 -
0 -

612년 을지문덕, 수나라를 물리치다

누가 을지문덕
어디서 살수 (현재 평안도 청천강)

중국 대륙을 통일하고 새롭게 등장한 수나라! 그들의 존재는 고구려에 큰 위협으로 다가왔고, 고구려의 평원왕은 기세를 잡기 위해 수나라를 선제공격했어. 수나라는 30만 대군을 동원해 반격했지만, 고구려는 수나라의 반격을 잘 막아냈단다.

이후 수나라의 두 번째 임금인 양제는 아버지가 고구려에 패한 것이 자존심 상했는지, 300만 명의 엄청난 병력을 이끌고 고구려를 침공했어. 하지만 그 많은 대군을 몰고 왔음에도 수나라는 고구려 제1 방어선인 요동 지역 정벌조차 실패해. 이에 분노한 양제가 지휘관에게 병력 30만 명을 주고 요동을 지나 평양성을 직접 공격하게 했지만, 이 또한 실패하고 말았지.

지쳐버린 수나라의 병사들이 본국으로 돌아가던 길, 살수라는 강을 건널 때 고구려의 을지문덕 장군 부대는 그들을 기습 공격했어. 그때 살아서 살수를 빠져나온 수나라의 군사는 약 3천 명에 불과했다고 해. 이 살수대첩 이후 복수심에 불타오른 양제는 두 차례 더 고구려를 침공했지만 별 소득 없이 물러났고, 긴 전쟁에서 패배한 수나라는 결국 망해버리고 말았단다.

 □ 1차 고구려 수나라 전쟁 □ 살수대첩 □ 수나라 멸망 이유

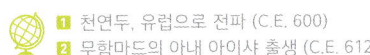
1 천연두, 유럽으로 전파 (C.E. 600)
2 무함마드의 아내 아이샤 출생 (C.E. 612)

 수나라의 300만 대군 중 전투 병사는 113만 명 정도였대. 그럼 나머지 187만 명의 병사는 어떤 역할을 했던 걸까?

기억 UP! 고쌤의 상상스토리

살수대첩 당시 고구려 을지문덕의 나이는 76세였어. 살수에서 그의 기습전략으로 수나라 군사들이 거의 전멸을 할 정도였으니 노익장을 제대로 과시한 거지. **바구니(612)** 겨우 붙잡고 가는 수나라 군사가 보이니? 쟁쟁한 을지문덕을 파견하지 말라는 소리도 들려. **파견NO!(612)** 을지문덕을 잘 떠올릴 수 있도록 언덕과 오리(duck)입을 그려두었어.

612
바구니

642년
김춘추, 위기에 처하다

누가 김춘추

어디서 대야성 (현재 경남 합천군)

백제의 의자왕은 신라 대야성으로 쳐들어가 성주였던 김품석의 목을 베는 대승을 거뒀어. 문제는 김품석이 당시 신라의 높은 관리였던 김춘추의 사위였다는 거야. 김춘추는 자칫 흔들릴 수 있는 본인의 정치적 입지를 단단히 하기 위해 뭐든 해야 했어. 딸과 사위가 죽어 너무 슬프기도 했지만, 공격당한 대야성이 신라의 수도인 금성(경주)으로 곧장 들어가는 통로였거든. 수도가 노출될 위험에 처했으니 가만히 두고 볼 수 없는 상황이었지.

한편 고구려에서는 당시 임금을 뛰어넘는 권세를 자랑하던 연개소문이 영류왕을 죽이고 보장왕을 왕좌에 앉혔어. 김춘추는 실질적인 권력을 쥐고 있던 연개소문에게 직접 찾아가 신라와 자신이 처한 어려움을 해결할 방안을 얻고자 했지. 보장왕과 연개소문은 신라를 돕는 대가로 무리한 요구를 제안했고, 김춘추는 이를 거절하고 신라로 돌아오려 했지만 고구려 감옥에 갇히고 말아. 이후 극적으로 풀려난 김춘추는 신라에 도착 후 약해져 가는 신라를 지키기 위해 평범한 사람이라면 생각하기도 힘든 계획을 준비했어. 과연 그가 준비한 계획은 무엇이었을까? 궁금하지?

검색 톡톡
☐ 의자왕 ☐ 나당동맹 ☐ 골품제

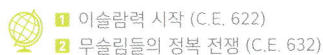
1 이슬람력 시작 (C.E. 622)
2 무슬림들의 정복 전쟁 (C.E. 632)

생각 통통
신라의 왕족은 부모님이 모두 왕족인 성골과 부모님 중 한쪽만이 왕족인 진골로 나누어져 있었어. 그리고 김춘추는 최초의 진골 출신 왕이었지. 신라가 성골 왕족을 계속 유지하려면 어떻게 해야 했을까?

기억 UP! 고쌤의 상상스토리

탄탄대로 같던 신라에 위기가 찾아왔어. 백제의 해동성왕이라 불리는 의자왕은 대야성을 공격했지, 설상가상으로 고구려는 과도한 요구까지 하지. 이때 김춘추의 심정은 어땠을까? 거대한 **뿔(6)**로 **화난(42)** 김춘추의 모습을 그려보았어. 굳은 의지처럼 보이는 ㅊㅊ모양의 눈과 바삭바삭한 '김' 눈썹을 가진 김춘추! 그의 **뿔화남(624)**모습은 의자왕과 연기를 내뿜고 있는 연개소문 때문이야.

642 뿔화남

6 - ☐☐☐
4 - ☐☐☐
2 - ☐☐☐

너만의 이미지를 그려봐!

645년 고구려, 안시성을 지키다

누가 당 태종 이세민

어디서 안시성

수나라 이후 중국에 새로 들어온 왕조 당나라의 2대 임금 태종은 고구려를 별로 좋아하지 않았어. 신라가 당나라에 조공을 바치려고 할 때마다 고구려가 끼어들어 바닷길을 막으며 방해했거든.

그때 연개소문이 반역을 일으켜 영류왕을 시해했다는 소문을 듣게 되었고, 당나라는 이를 명분 삼아 고구려를 정벌하겠다며 전쟁을 일으켰지. 전쟁 초반, 당나라 군대는 요동의 대부분 성을 점령하며 승승장구했어. 하지만 견고한 안시성 앞에서 전진을 멈추었단다. 당나라는 두 달간 안시성 한 곳을 함락하기 위해 전력을 다했어. 성벽을 무너뜨리기 위해 투석기와 운제 등을 사용하고, 땅굴을 파 성벽 아래로 진입하려고도 해보고, 나중에는 안시성보다 더 높은 흙산을 쌓아보기도 했지.

하지만 모든 작전은 실패했고, 결국 당 태종은 눈물을 머금은 채 전쟁을 멈추고 당나라로 돌아갔어. 설화에 의하면 당 태종이 죽기 전 유언으로 고구려를 절대 공격하지 말라는 말을 남겼대. 당나라 입장에서는 고구려가 그 정도로 큰 고민거리였나 봐.

영화 '안시성' 중 몰려오는 당나라의 군대를 성주가 바라보는 장면이야.

 □ 당 태종 □ 연개소문 □ 개마무사 □ 주필산 전투 □ 정관정요

 ① 헤라클리우스 황제 사망 (C.E. 641)
② 이슬람, 아르메니아 정복 (C.E. 645)

 고대 중국에서 가장 많은 국가가 도읍으로 지정했던 시안시(장안)와 뤄양시(낙양)가 어디 있는지 찾아볼래? 고대 중국은 고구려로 원정을 갈 때마다 어떤 부담이 있었을까?

기억 UP! 고쌤의 상상스토리

끝까지 방어했던 고구려와 어떻게든 유리한 고지를 점령하여 성을 뚫고자 했던 당나라. 긴 밤 폭우로 토산이 무너지며 고구려성을 덮쳤고, 이때 바람처럼 **빠른말**(645)을 타고 토산을 향해 달려갔던 고구려! 위협이 되었던 토산이 오히려 역전의 기회를 제공할 줄이야! 설마 빠른 말이 당근 깃발을 보고 빨리 달리는 건 아니겠지? 하하.

645 빠른말 바람말

너만의 이미지를 그려봐!

6 - ☐ ☐ ☐
4 - ☐ ☐ ☐
5 - ☐ ☐ ☐

650년
신라와 당나라, 나당동맹을 맺다

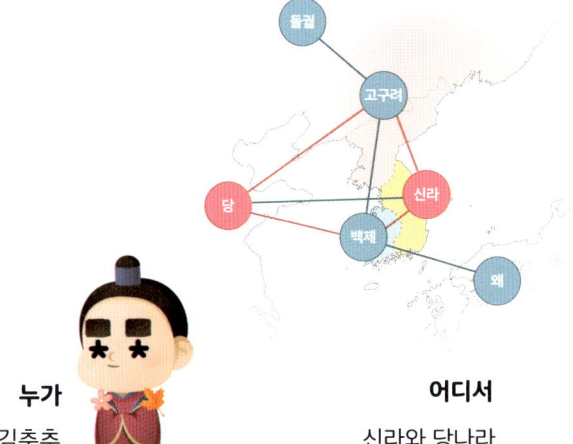

누가 김춘추

어디서 신라와 당나라

안시성을 점령하지 못했던 당나라. 그들에게는 당연히 고구려가 얄미운 존재였겠지? 당시 신라도 고구려, 백제, 왜나라 3국에 둘러싸여 새로운 동맹이 필요한 시점이었어. 그래서 당나라와 신라, 이 둘이 만나 동맹을 이루었단다. 신라는 생존에 대한 절박함이 있었고, 당나라는 고구려의 후방을 견제해 줄 세력이 필요했으니 서로가 서로에게 딱! 필요했던 거야. 이렇게 동아시아의 국제 정세는 돌궐-고구려-백제-왜의 동맹과 신라-당의 동맹이 십자형 외교 형태로 이루어지게 되었어.

동맹을 맺었으니 이제 바로 전쟁을 시작하느냐? 그건 아니었어. 고구려와 백제 연합을 상대하기 위해 당장 힘을 키워야 했던 신라에 비해 당나라는 비교적 군사, 물자의 여유가 있었기에 자꾸 꾸물거렸거든. 이에, 신라의 진덕여왕은 손수 비단에 수를 놓아 선물로 보내기도 하고, 계속해서 사신을 보내 당나라 군대의 출병을 재촉했어. 과연 당나라는 군대를 보냈을까? 당나라가 군대를 보낸다면 고구려, 백제, 신라의 상황은 어떻게 변하게 될까?

검색 톡톡 ☐ 여제동맹 ☐ 조공 ☐ 십자형 외교 ☐ 진덕여왕 ☐ 태평송

1. 캅카스 왕국의 전성기 (C.E. 650)
2. 스리비자야 왕국 성립 (C.E. 650)

생각 통통 위치가 가깝다고 모두 동맹국이 되는 것은 아니야. 신라는 먼 중국의 당나라와 동맹을 맺었잖아. 그렇다면 현재 우리나라의 동맹국은 어디일까?

기억 UP! 고쌤의 상상스토리

신라의 김춘추와 동맹을 맺고 있는 당나라를 당나귀로 표현해봤어. 김춘추의 동맹 제안이 당나라에게는 당나귀가 좋아하는 당근을 던져주는 것처럼 반가웠을 거야. 안시성전투에서 크게 패한 당나라 군사들은 이글이글 타오르는 **불(6)**같은 분노를 품고, **마차(50)**를 타고 전쟁을 준비하고 있어. **불마차(650)**를 끌고 온 당 태종과 김춘추가 동맹을 맺는 장면을 눈감고 상상해보자.

650
불마차

너만의 이미지를 그려봐!

6 -
5 -
0 -

660년
백제, 멸망하다

누가 의자왕
어디서 사비성

　삼천궁녀 하면 떠오르는 인물. 백제의 마지막 임금 의자왕이야. 사실 의자왕은 백제의 전성기를 이끌었던 근초고왕과 우위를 다툴 정도로 정복 전쟁을 많이 펼친 왕이었단다. 그런 의자왕 대에 백제는 왜 멸망했던 걸까? 삼국사기의 기록에 의하면, 의자왕이 말년에 술과 놀이에 정신이 팔리자 성충이라는 충신이 왕을 극진히 말렸다고 해. 하지만 의자왕은 이런 성충을 오히려 감옥에 가둬버렸단다. 성충은 감옥에서 죽기 직전까지 왕을 생각하여 '적이 쳐들어올 때 육지에서는 탄현을 넘지 못하게 하고, 수군은 기벌포를 들어오지 못하게 해야 한다.'라는 충언을 남기기까지 했어. 하지만 의자왕은 이를 신경 쓰지 않았고, 결국 나당 연합군은 탄현과 기벌포를 넘어 순식간에 백제의 수도 사비를 포위해버렸지. 660년 7월 9일 황산벌 전투로 시작된 나·당 연합군의 백제 정벌 전쟁은 7월 18일 의자왕이 항복함으로써 끝이 났단다. 불과 9일 만의 일이었지.

　660년, 멸망한 백제의 유민들은 나라를 다시 일으키기 위한 부흥 운동을 시작했어. 663년에는 왜의 대규모 군대까지 빌려와 백강 전투를 벌였으나 이마저 나당 연합군에 패하면서 백제는 역사 속으로 완전히 사라지게 돼.

 ☐ 황산벌　☐ 계백　☐ 기벌포　☐ 백제 부흥 운동　☐ 백강　☐ 관창　　① 수니파와 시아파 분열 (C.E. 656~661)
　② 테오도시우스 암살 (C.E. 660)

 강력했던 백제가 단 9일 만에 무너진 데에는 여러 가지 이유가 있었어. 백제의 멸망을 막기 위해 충언을 했던 성충과 흥수 같은 신하들이 있었는데도, 의자왕은 왜 그들의 말을 듣지 않았을까?

기억 UP! 고쌤의 상상스토리

당나라와 손잡은 신라 김춘추(태종무열왕)는 의자에 앉아있는 백제의 의자왕을 **뻥뻥차**(660)고 백제를 멸망시켰어. 뻥뻥차는 바나나라는 단어처럼 확실한 이미지가 없는 단어이기 때문에 반드시 눈을 감고 발을 뻥~차는 행동을 하면서 외쳐보는 거야. **뻥뻥차(660)** 하지만 주의! 길 한복판에서 하면 사람들이 우리를 이상하게 쳐다볼 수가 있다는 사실~ 풉!

660 뻥뻥차

너만의 이미지를 그려봐!

6 -
6 -
0 -

668년
고구려, 멸망하다

누가 연개소문
어디서 평양성

나·당 연합군에 의해 백제가 멸망하자 한반도 정세는 급변했어. 기세등등했던 고구려도 땅의 위쪽은 당에, 아래쪽은 신라에 둘러싸이게 되었지. 신라와 당은 백제 멸망 직후인 661년, 고구려를 공격했어. 고구려는 당의 침략을 훌륭하게 막아냈지만, 계속되는 전쟁에 점점 지쳐갔고, 거기다 665년 연개소문이 사망하면서 상황은 급격히 달라지기 시작했단다.

연개소문에게는 연남생, 연남건, 연남산 세 아들이 있었어. 연개소문이 죽자 맏아들 연남생은 아버지를 이어 2대 대막리지에 올랐지. 그런데 대막리지에 오른 연남생이 지방에 나가 있는 사이 형제들을 이간질하는 사람이 생긴 거야. 그들은 동생들에게 형이 지방에서 돌아오면 너희를 쫓아낼 것이라고 말했고, 형에게는 동생들이 수도에서 반란을 모의하고 있다고 이야기했어.

세 형제도 처음에는 그 말을 믿지 않았지만 계속된 이간질로 서로를 향한 믿음에 균열이 생겨났어. 결국 두 동생이 먼저 반란을 일으켰고, 형 연남생은 옛 수도였던 국내성으로 도망가 당나라에 도움을 요청하기에 이르렀지. 하나로 힘을 뭉치지 못한 고구려는 668년 나당 연합군의 공격을 받아 평양성이 함락되면서 허망하게 역사 속으로 사라지게 된 거야.

검색 톡톡
- □ 고구려 부흥 운동 □ 대막리지 □ 영류왕 □ 연남생 묘지명

1. 카불, 이슬람에 함락 (C.E. 664)
2. 북아프리카, 무슬림에 장악 (C.E. 670)

생각 통통 고구려 같이 강력한 나라도 내부분열이 일어나자 멸망했어. 내부의 힘을 하나로 모으기 위한 방법 2가지만 적어볼까?

기억 UP! 고쌤의 상상스토리

고구려의 멸망엔 안타까움이 많아. 모든 도성에 불을 질러 역사적 사료가 사라졌고, 한반도를 호령했던 고구려의 기상과 최대영토가 혀에 닿은 솜사탕처럼 한순간에 사라지게 된 거잖아. 내부적으로 단합되지 않은 상황에선 아무리 강한 힘이 있어도 적에게 질 수밖에 없음을 생각하며.. 내리는 **빗방울(668)**을 넣어 슬픈 장면을 표현해봤어. 우리 모두 고구려와 작별 인사하자. 고구려, **빠빠이(668)**..

668
빠빠이

너만의 이미지를 그려봐!

6 -
6 -
8 -

단비쌤의 생각 사(史)탕

'고대·삼국시대를 매듭지으며'

도대체 전쟁은 왜 일어날까요?

오랜 시간 동안 사람들은 어떤 환경에서, 어떤 문명과 지식의 발전을 이루며, 어떤 질병과 역경을 헤쳐나가고, 어떤 지도자를 만나는지에 따라 자신들만의 다양한 역사를 적어왔어요. 하지만 한 나라와 시대의 시작과 끝을 매듭짓고 푸는 일에 빼놓을 수 없는 단어가 하나 더 있어요. 바로 '전쟁'이랍니다.

전쟁이란, 자신의 목적을 이루기 위해 온갖 수단을 써 상대를 누르고 제압하는 일이에요. 여러분들은 혹시 이런 질문을 생각해본 적 있나요? 우리는 왜 친구와 다툴까요? 어른들은 왜 서로 미워할까요? 전쟁은 왜 일어났고, 일어나고 있을까요? 오랜 시간 동안 사람들은 이 질문을 하고, 답해왔지만 명확한 '정답'을 찾을 수 없었어요. 그럼에도 이 질문을 하고, 답하는 과정에서 많은 것들을 배울 수 있었답니다. 오늘은 함께 생각해봐요. '전쟁은 왜, 그리고 어떻게 시작된 걸까요?'

사람들은 전쟁이라는 위험한 행동을 하기 위해 자신들만의 이유를 찾아야 했어요. 예를 들면 식량과 땅, 재산과 집과 같이 보이는 것들을 빼앗거나 지키기 위해 싸웠고, 때로는 사랑과 가정, 종교와 명예, 배고픔과 우월함과 같이 보이지 않는 것들을 이유로 삼아 전쟁을 일으켰어요.

역사 속, 한반도에 일어났던 전쟁들은 어땠는지 함께 살펴볼까요? 고대시대 사람들은 더 많은 영토를 차지하고, 다른 나라와 교류하기 좋은 위치를 선점하기 위해 싸웠어요. 특히 삼국시대 사람들은 한강이 흐르는 비옥한 땅을 차지하기 위해 싸웠고, 삼국을 하나로 통일하기 위해 동맹을 맺거나, 외세의 힘을 빌려오는 등 전쟁이라는 방법을 사용했지요. 고려시대, 조선시대의 사람들은 우리 땅과 백성을 지키기 위해, 쳐들어오는 수많은 외적과 전쟁해야만 했어요. 근현대시대에는 자신들의 사상과 생각을 상대에게

강요하기 위해 전쟁이란 방법을 사용하기도 했답니다. 이렇게 우리가 알고 있는 역사 속 한반도와 세계의 전쟁을 곰곰이 살펴보면 모두 자신들 만의 이유가 있어요. 본인과 본인이 속한 집단의 목적을 달성하기 위해 온갖 수단과 방법을 사용해 상대를 누르고 제압한 거예요.

하지만 전쟁은 이긴 자와 진 자 모두에게 수많은 죽음과 이별, 무너진 재산과 잊히지 않을 공포 등 돌이킬 수 없는 상처를 입힌답니다. 소중한 것을 지키기 위해 용기 있게 목소리를 내고, 행동으로 실천하는 것은 중요한 일이에요. 하지만 우리는 상대방과 이견조율이 필요한 상황에서 전쟁이 아닌 다른 여러 방법을 선택할 수 있어요. 그러니 우리는 전쟁과 뗄 수 없는 '선택'의 문제를 곰곰이 생각해봐야 합니다. 내가 주장하는 의견이 이기적인 이유는 아닌지, 내가 선택한 방법이 너무 많은 희생을 불러오는 폭력적인 것은 아닐지 생각하는 사람이 되어야 해요.

이미 흘러온 역사는 지난 사람들의 선택과 결정에 달려있었어요. 하지만 앞으로 흘러가는 많은 순간을 역사로 써 내려 가는것은 우리의 선택과 결정에 달려있답니다. 처음에 말했듯이 '역사 속에 전쟁은 왜 일어나는 것일까?' 에 대한 정확한 답은 없어요. 다만 과거를 돌아보며 스스로 묻고, 답하는 과정을 통해 우리는 많은 것을 배울 수 있을 거예요. 자, 이제 자신의 생활 반경 속 가까운 주제로부터 시작해볼까요? '나는 그 친구와 왜 싸웠지? 나는 무엇을 얻고 싶어서 그런 방법을 사용했을까?' 여러분들의 환경에서 시작할 모든 고민을 응원합니다.

C.E. 676~926 남북국시대

676
신라 삼국통일

681
신문왕 왕권 강화

698
발해 건국

751
불국사, 석굴암 건립

918
고려 건국

926
발해 멸망

통일신라와 발해
한반도가 남과 북으로 나뉘었다.

치열한 주도권 쟁탈전 끝에 각각의 나라가 신라에 의해 통일되었어. 이후 약 300년을 더 해 1,000년의 역사를 이어간 신라가 한반도 남쪽의 새로운 주역이 된 거야. 하지만 다른 한 편에서는, 한반도의 북쪽을 포함한 만주, 연해주 지방에서는 고구려의 정신을 계승한 대조영이 세운 해동성국, 발해의 역사가 쓰이고 있었지. 크게 남과 북으로 나누어져 역사가 흘렀던 이 시대를 우리는 '남북국시대'라고 부른단다. 남북국시대에서 우리는 어떤 사건들을 만나게 될까?

828
장보고의 활약

889
원종, 애노의 난

900
후백제 건국

901
후고구려 건국

시대별 연도 기간은 책 내용 기준임.

676년 신라, 삼국을 통일하다

누가 문무왕
어디서 통일신라

    신라는 당나라와 동맹을 맺고 백제와 고구려를 차례로 멸망시키는 데 성공했어. 주변의 모든 적을 해치우고 최후의 2인, 당나라와 신라만 한반도에 남았으니, 이제 이야기는 어떻게 흘러갈까?

    신라와 동맹을 맺을 때부터 당나라는 고구려 땅을 포함한 한반도 북부를 갖고 싶어 했어. 거기다 이제는 옛 백제의 땅은 물론 신라를 포함한 한반도 전체를 탐내기 시작했지. 그러니 신라와 당나라, 두 나라 간의 전쟁은 피할 수 없게 된 거야. 신라군은 우선 백제 옛 지역에 주둔하던 당나라군을 몰아내고, 고구려·백제의 유민들과 함께 매소성과 기벌포에서 큰 전투를 벌였어. 결과는 성공적이었지. 이후 계속된 나라의 운명을 건 전쟁을 치른 결과, 신라는 당나라를 한반도 평양 이북으로 물리쳤어!

    비록 처음부터 자신들만의 힘으로 일어서진 못했지만, 676년 신라는 삼국 통일이라는 엄청난 성과를 이루게 되었단다.

경주 앞바다에 있는 문무왕의 수중릉. '대왕암'이라고도 해.

검색 톡톡 □ 삼한일통 □ 웅진도독부 □ 매소성 전투 □ 기벌포 전투

1. 이슬람, 콘스탄티노플 공격 (C.E. 674~678)
2. 그리스의 불 등장 (C.E. 677)

생각 통통 신라 삼국통일의 한계에는 어떤 것이 있을까?

기억 UP! 고쌤의 상상스토리

약했던 과거는 저리 가라 휘이휘이~ 신라인들은 승리 소식을 듣고 박수 치고 북치고 신났을 거야. 역시 신라는 신나! 눈을 감고 '짝짝짝! 쿵쿵쿵!' **박수북(676)**소리를 고조시켜봐 백제와 고구려를 멸망시키고 한 계단 도약을 위한 '문'을 열어준 문무왕이 북을 치고 있는 깜찍한 모습도 같이 상상해 보자.

676 박수북

너만의 이미지를 그려봐!

6 - ☐ ☐ ☐
7 - ☐ ☐ ☐
6 - ☐ ☐ ☐

681년 신문왕, 왕권을 강화하다

누가 신문왕
어디서 금성

삼국의 통일을 이룬 신라는 왕권을 강화하고 통치 제도를 튼튼히 정비하며 영토를 잘 다스렸어. 통일 전쟁의 시작을 열었던 무열왕, 당나라와의 전쟁을 승리로 이끌고 삼국통일을 완성한 아들 문무왕, 그 뒤를 이은 손자 신문왕은 특히 강력한 왕권을 통해 나라를 다스린 왕으로 유명하단다. 그의 업적을 몇 가지 살펴볼까?

신문왕은 자신의 장인이자 장군이었던 '김흠돌'이 일으킨 반란을 진압하면서 왕권을 위협하는 진골 귀족을 억누르고, 왕권을 지지하는 6두품 세력을 정치에 등용했어. 또한, 국립 교육 기관으로 '국학'을 설립하여 유학을 공부한 유학자들을 많이 배출하기도 했지. 유학을 통해 국왕에게 충성하며 자리에 맞게 도덕적이고도 실무능력이 뛰어난 인재를 양성하고자 했던 거야. 그뿐만 아니라 신문왕은 왕권이 지방까지 구석구석 미칠 수 있도록 전국을 9개의 주로 나누고, 수도 경주의 기능을 분담할 수 있는 5개의 '소경'을 설치했어. 이렇게 통일신라는 점점 정치적, 사회적, 문화적으로 튼튼한 나라가 되어 갔단다.

옛 국학이 있던 곳에 자리하고 있는 현재 '경주향교'의 모습이야.

 검색 톡톡
☐ 만파식적 ☐ 9주 5소경 ☐ 국학 ☐ 관료전 ☐ 녹읍폐지

 1 수니파와 시아파 간 내전 격화 (C.E. 680~692)
2 측천무후, 황권 행사 (C.E. 681)

 생각 통통
왕의 가족이나 친척이 반란을 일으키는 경우가 종종 있어. 이미 왕족인 그들은 왜 반란을 일으키는 걸까?

기억 UP! 고쌤의 상상스토리

'나는 **파워킹**(681)이다.'라고 신문왕이 외치고 있어. 신문왕의 왼손에는 드디어 인정을 받은 6모양의 육두품이 있지? 그 아래에는 신문왕에게 밟힌 흠집이 난 '김흠돌'이 있어. 반대편을 보자. 오른손 국자위에는 학교 '국학'이 들려있고, 오른발로는 9주 5소경을 밟고 있어. 신문왕이 이룬 위대한 업적들을 각각의 위치에 표현해두었으니 눈을 감고 시계방향으로 장면을 떠올려보기, 약속!

681
파워킹

너만의 이미지를 그려봐!

6 -
8 -
1 -

698년
발해, 시작되다

누가 대조영
어디서 동모산 (현재 만주 지역)

삼국의 통일 전쟁 시절, 나당연합군에 의해 패배한 고구려의 유민들은 백제 유민들처럼 부흥 운동을 일으켰지만, 역시 실패하고 신라에 흡수되었어. 고구려 유민 중 일부는 당나라에 의해 요서 지역으로 강제 이주 되기도 했는데, 당나라에 끌려가서도 끝까지 당나라의 지배에 맞서 싸우던 용맹한 자들이 있었단다.

이들 중 대조영이라는 인물은 고구려 유민들과 말갈인을 이끌고 만주 지역으로 이동한 후, 쫓아오는 당의 군대를 무찌르고 698년 '발해'라는 나라를 세웠어. 남쪽의 통일신라와 북쪽의 발해가 공존하는 '남북국 시대'가 시작된 거야.

발해는 대외적으로 '우리는 고구려를 계승한 나라입니다!'라고 주장했어. 다른 나라와 편지를 주고받을 때도 발해의 임금은 자신을 '고(구)려 국왕'이라 소개했고, 건물을 짓는 양식 또한 고구려의 건축 양식과 상당히 비슷했지. 발해는 주변 나라와 전쟁을 지속하며 9세기 초에는 고구려의 옛 땅을 대부분 회복하기도 했어. 최대 영토를 가지고 있을 당시의 발해를 당나라 사람들은 '해동성국'이라고 불렀단다. 이는 '바다 동쪽에 아주 번성한 나라가 있다!'라는 뜻이야.

비슷한 모양새를 띠고 있는
고구려(왼쪽)와 발해(오른쪽)의 '기와 장식'이야.

검색 톡톡
☐ 발해와 당 관계 ☐ 고구려인과 말갈인 ☐ 정혜공주묘 ☐ 정효공주묘

1 비잔틴, 불가리아 격파 (C.E. 688)
2 로마 카르타고, 무슬림에 함락 (C.E. 698)

생각 통통
중국은 고구려와 발해를 자국 역사에 편입시키려고 노력 중이야. 그렇다면 우리도 생각해보자! 발해와 고구려가 우리나라 역사인 근거는 무엇이 있을까?

기억 UP! 고쌤의 상상스토리

가장 직관적인 이미지가 가장 잘 기억나는 법이야. 그래서 그림 속에 발해는 발음을 그대로 이용해 '반짝 빛나는 해가 새겨진 발!'로 표현했어. 자, 이제 발해를 건국한 대조영의 발에 왕임을 증명하는 반지를 끼워줄까? 당신은 **반지왕(698)**!

698
반지왕

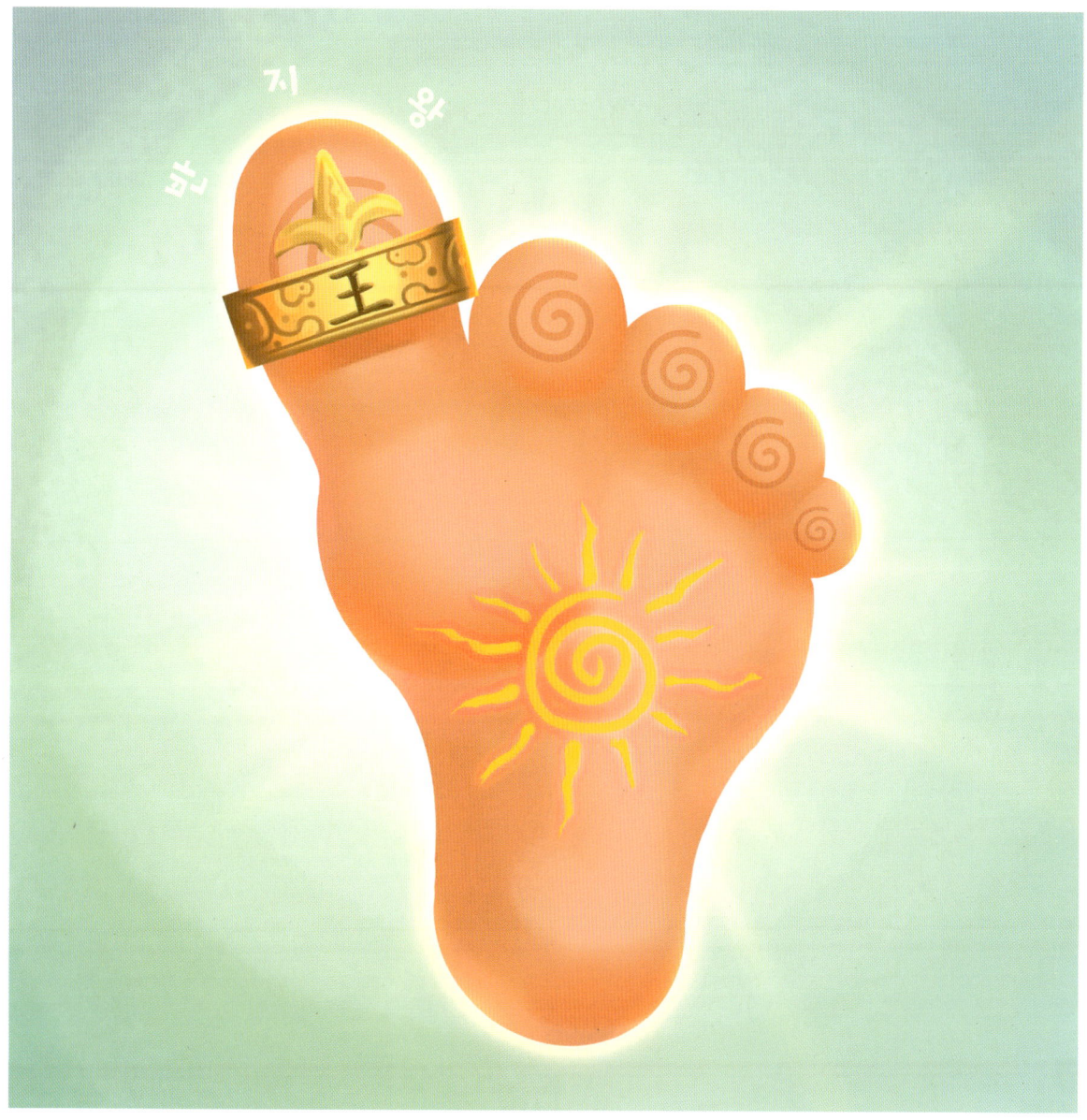

너만의 이미지를 그려봐!

6 -
9 -
8 -

751년
김대성, 불국사와 석굴암을 짓다

누가 김대성

어디서 금성

통일 이후, 신라에는 불교가 더욱 널리 퍼지게 됐고, 곳곳에 불교 예술을 담은 건축물들도 많이 세워지게 돼. 그중 석굴암과 불국사에 대해 살펴보자!

삼국유사에 따르면 석굴암과 불국사는 8세기 중반, 시중 김대성이 지었다고 전해지는데 석굴암은 전생의 부모님을 위해서, 불국사는 현생의 부모님을 위해서 지은 것이라고 해. 석굴암에는 정교한 조각술로 부처가 깨달음을 얻었을 때의 모습을 새겨두었고, 불국사는 깨달음을 얻은 부처가 살아가는 나라를 이상적으로 표현했으니 이 둘은 함께 묶어 이해하면 좋을 거야.

석굴암과 불국사는 1995년 우리나라에서 첫 번째로 유네스코 세계문화유산에 함께 등재되었어. 석굴암의 섬세한 표현과 불국사의 석조와 목조 간 어울림이 전 세계를 놀라게 한 거지. 불교의 교리가 이렇게 위대하고 웅장한 모습으로 건축물에 담길 수 있다는 것을 보여준 자랑스러운 신라의 문화재야.

'불국사'와 '석굴암'
유네스코 세계문화유산에 등재된
자랑스러운 통일신라의 문화재야.

 검색 톡톡 ☐ 무구정광대다라니경 ☐ 간다라 ☐ 유네스코 ☐ 아사달과 아사녀

 ① 무슬림, 지브롤터 점령 (C.E. 711)
② 동양 제지술, 서역에 전파 (C.E. 751)

 생각 통통 전 세계에 존재하는 부처상의 얼굴을 비교해보자. 아주 다양하지? 부처상이 나라마다 닮은 듯 다른 얼굴을 가지게 된 이유는 무엇일까?

기억 UP! 고쌤의 상상스토리

나는 천오백 년이라는 세월을 견딘 불국사와 석굴암을 본 순간 김대성의 **사명감(751)**이 떠올랐어. **소망(75)**과 **꿈(1)**을 담아 만들기 시작한 불국사와 석굴암은 774년 **섬세함(774)**으로 완성되었지. 이번 편에 사용된 '사명감, 소망꿈, 섬세함' 등 정형성이 낮은 단어들이지만 내용상 중요한 의미를 전달해주기 때문에 만들어봤어. 깜짝 퀴즈~! 김대성의 머리에 숨겨진 ㄷㅅ을 찾아보자!

**7 5 1
사명감
소망꿈**

7 -
5 -
1 -

828년
장보고, 바다를 지키다

누가 장보고

어디서 청해진 (현재 전라남도 완도군)

우리가 바다의 왕자라고 알고 있는 장보고는 섬 출신으로 신분이 높지 않던 사람이야. 하지만 무예 실력이 출중하여 신라의 바다를 지키며 해적을 물리치는 장군이 되었지.

당시 신라는 당, 일본, 동남아시아 등과 활발히 교역하고 있었어. 그러다 보니 자연스럽게 바다의 안전이 중요해졌겠지? 이를 위해 장보고는 지금의 '완도'에 청해진을 설치했어. 지금의 해군 군사기지라고 생각하면 돼. 그곳에서 장보고는 신라를 오가는 배들을 안전히 돌보며, 못된 해적들이 쳐들어오지 못하도록 설치한 해안선의 목책으로 바다를 지켜냈지.

왕족들마저 바다를 정복한 장보고에게 잘 보이려고 애를 썼어. 이제 신라는 경주에 머무는 왕보다, 지방에 머무는 장보고 같은 자들의 힘이 더욱 강해지는 '호족의 시대'로 접어들게 되는 거야.

완도 청해진 터에 남겨진 '목책'의 흔적이야. 목책이란 나무 말뚝으로 만든 방어 울타리란다.

 검색 톡톡 ☐ 법화원 ☐ 신라방 ☐ 엔닌 ☐ 신라 염장 ☐ 신라 말 왕권 약화

 ① 비잔틴-불가리아 전쟁 (C.E. 809~815)
② 신성로마제국 건국 (C.E. 843)

 생각 통통 장보고는 신라에서 높은 관직에 진출할 수 없어 당으로 건너가 당나라 장군으로 일하다가 신라로 돌아와야 했어. 능력 있는 장보고는 왜 신라에서 출세할 수 없었을까?

기억 UP! 고쌤의 상상스토리

바다를 향해 두 눈을 부릅뜬 장보고가 보이니? '당나라 해적들이 신라인과 재물을 약탈하지 못하게 내 두 눈 크~게 뜨고 지켜보리라!' 장보고의 눈은 360도 어디든 볼 수 있는 **왕눈이(828)**가 되었을 거야. 장보고는 낮이나 밤이나 바다를 지킬 생각으로 가득 찬 진정한 바다의 **안내인(828)**이었어. 그런데 잠깐, 장보고의 손 좀 봐~! 시간 내서 장보고 왔나? 장바구니가 있네? 풉

828
왕눈이
안내인

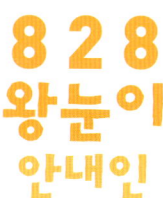

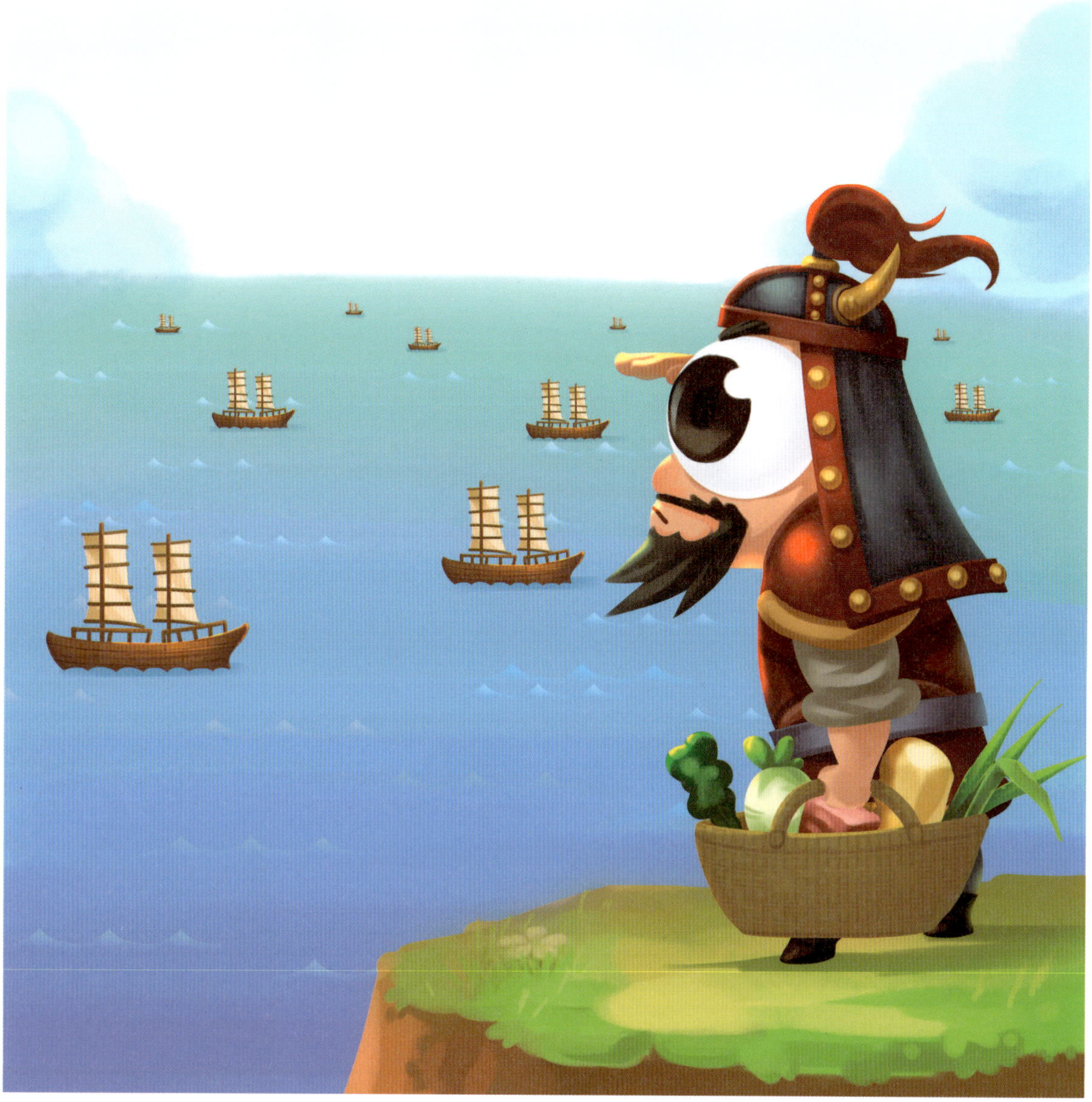

8 –
2 –
8 –

너만의 이미지를 그려봐!

889년
원종과 애노 반란을 일으키다

누가 원종, 애노

어디서 사벌주 (현재 경상북도 상주)

8세기 중반부터 신라는 흔들리기 시작했어. 왕권은 약해지고, 중앙의 지배 세력들은 왕위를 차지하기 위해 서로 싸우는가 하면, 국가를 전혀 위하지 않고 자신들의 향락을 위해 술을 마시거나 주령구 등의 취미 거리를 만들어 유흥을 즐기기에만 바빴지.

그 가운데 가장 고통받는 이는 다름 아닌 백성들이었어. 계속되는 흉년에, 자연재해로 생활이 어려운 와중에도 지배 세력들에게 많은 양의 세금을 내야만 했거든. 결국 백성들의 원망은 걷잡을 수 없이 커졌고, 그중에는 고향을 버리고 산에 들어가 도적이 되는 경우도 많았단다.

나라 곳곳에서 도적 떼의 반란이 일어났고, 그들을 막을 힘이 없는 중앙에서는 그 거센 반란을 진압할 수 없었어. 상주에서 일어났던 원종과 애노의 난을 시작으로 신라는 회복할 수 없을 정도의 혼란스러운 시기에 접어들게 돼.

상류 귀족들의 여가생활 장난감이던 '주령구'야. 다면체 주사위에 다양한 벌칙이 적혀있지. 경주에 가면 '주령구' 모양의 빵도 만날 수 있어.

검색 톡톡 ☐ 진성여왕 ☐ 봉기 ☐ 진승 오광의 난

① 알-카라우인 대학 설립 (C.E. 859)
② 도시 노르망디 생성 (C.E. 885)

생각 통통 진성여왕 때에는 원종과 애노의 난 외에도 많은 반란이 일어났어. 한 번 반란이 일어나기 시작하면 잇따라 발생하는 이유가 뭘까?

기억 UP! 고쌤의 상상스토리

원종과 애노의 난 이야기를 보자니 영화 같은 시나리오가 떠올랐어. 들어볼래? 첫 장면에는 모든 농민에게 봉기 소식을 알리기 위해 **연(8)**을 날리는 **원종(89)**의 모습이 등장해. 이때, 애벌레가 이마에 붙어있는 애노가 노하며 외치는 거야. "야, 원종! 가자! 썩어빠진 나라를 뒤집고 우리가 **일인자(889)**가 되는 거야. **영웅짱(889)**이 되어보자고!"

**8 8 9
연 원 종
영 웅 짱**

연 날리는 원종

원종! 가자!
영웅짱이
되자!

너만의 이미지를 그려봐!

8 -
8 -
9 -

900년
견훤의 후백제, 시작되다

누가 견훤

어디서 완산주 (현재 전라북도 전주)

신라의 왕권이 추락하고 귀족들의 세력다툼이 끊이지 않을 때, 지방에서는 중앙에서 통제할 수 없는 새로운 힘을 가진 세력, '호족'들이 일어나고 있었어. 그들은 중앙의 귀족 세력이 두렵지 않았고, 자신을 성주나 군주라고 부르며 왕처럼 행동했지. 수백 년간 이어져 온 신라의 골품제도가 휘청이기 시작한 거야.

호족 중 견훤이라는 자가 있었어. 그는 본래 신라의 장교였는데 자신의 부하들과 함께 전라도 지역에서 일어난 농민들의 반란을 제압하러 갔다가, 귀환하지 않고 그곳에 자리를 잡았단다. 견훤은 그곳에서 큰 세력을 모아 옛 백제의 자리에서 900년, 후백제를 건국했어.

견훤은 승승장구하며 전라도 지역을 제패했어. 927년에는 신라의 수도 금성을 공격해 경애왕을 죽이고, 신라를 도와주러 온 왕건의 군대를 공산 전투에서 격파하기까지 했지. 하지만 930년 고창 전투에서 왕건에게 패배한 뒤 그의 위세는 기울기 시작했단다.

그러던 중 첫째 아들 신검이 반란을 일으켜 견훤을 금산사에 가둬버리는 일이 일어났어. 견훤은 금산사에서 도망쳐 왕건의 밑으로 들어갔고, 최후의 전투에서 아들의 군대를 직접 격파했지.

검색 톡톡 ☐ 아자개 ☐ 견훤설화 ☐ 후백제 경주침공 ☐ 후백제의 국제항로

1. 카롤링거, 쇠퇴 시작 (C.E. 888)
2. 루도비쿠스 4세 등극 (C.E. 900)

생각 통통 나라를 세울 땐 명분이 필요해. 견훤은 어떤 명분을 내세워 후백제를 세웠을까?

기억 UP! 고쌤의 상상스토리

"자~ 출첵(900)을 하겠다! 이 견훤을 따르는 사람들이여 줄을 서시오!" 견훤이 새 나라 후백제에서 자신을 따라온 무리의 인원을 점검하고 있어. 기억이 잘 날 수 있도록 힌트를 조금 더 줄게. 견훤의 왕관을 볼래? 딱딱한 견과류로 '견훤'의 이름이 잘 떠오르게 표현했어. 후백제를 건국한 900년도의 '후백'과 '구백'의 발음도 비슷하지?

900 자출첵

너만의 이미지를 그려봐!

9 -
0 -
0 -

901년
궁예의 후고구려, 시작되다

누가 궁예

어디서 철원

전라도 지역이 후백제를 세운 견훤으로 인해 시끄러울 때, 북쪽에는 '궁예'라는 자가 등장했어. (삼국사기에 따르면 궁예는 본래 신라 왕족으로 태어났지만, 중앙 귀족들의 권력 싸움에 밀려 어린 나이에 신라에서 쫓겨났대)

궁예는 강원도, 황해도, 경기도 일대 호족들과 힘을 모아 점차 큰 세력을 이뤄갔어. 이후 901년 고구려 부흥을 꿈꾸며 송악에서 후고구려를 세웠지만, 이미 그 자리에 터를 잡고 있던 호족들을 견제하며 본인의 왕권을 더욱 강화하기 위해 금세 철원으로 수도를 옮겼지.

건국 초, 궁예는 많은 백성의 지지를 받으며 힘을 키웠지만, 점차 자신을 '세상을 구할 미래의 부처' 미륵불이라고 칭하며 자기 뜻을 거스르는 사람은 무조건 죽여 없애기 시작했어. 폭군인 궁예에게 다스림을 받아야 했던 후고구려 백성들은 어떤 마음이었을까? 매우 불안 했겠지? 앞으로 후고구려의 역사는 어떻게 흘러가게 될까?

강원도의 대표적 곡창지대인 후고구려의 도읍 '철원'의 모습이야. 지금도 철원오대쌀은 매우 유명해.

 ☐ 태봉과 마진 ☐ 기훤 ☐ 양길 ☐ 왕순식

 1 중국 남조 멸망 (C.E. 902)
2 요나라 건국 (C.E. 907)

 궁예는 말년에 자신을 미륵불이라고 하면서 신하들을 많이 죽였어. 궁예가 자신을 미륵불이라고 칭했던 이유는 무엇이었을까?

기억 UP! 고쌤의 상상스토리

궁예는 **정치광**(901)이야. 정치를 잘못 배웠나 싶을 정도로 광기가 가득해. 차라리 직업을 **점치기**(901)로 바꾸는 게 어떨까 싶어. 그림 속의 신하 한 명이 **재채기**(901)를 하자 궁예는 마치 모든 걸 다 안다는 듯 '누가 재채기 소리를 내었는가..?' 라며 신하들을 꿰뚫어 보고 있어. 공포 분위기 속 신하들이 덜덜 떨고 있네.

901 정치광 재채기

정치광(狂)

누가 **재채기** 소리를 내었는가. 짐은 모든 걸 알고 있네.

너만의 이미지를 그려봐!

9 -
0 -
1 -

918년
왕건의 고려, 시작되다

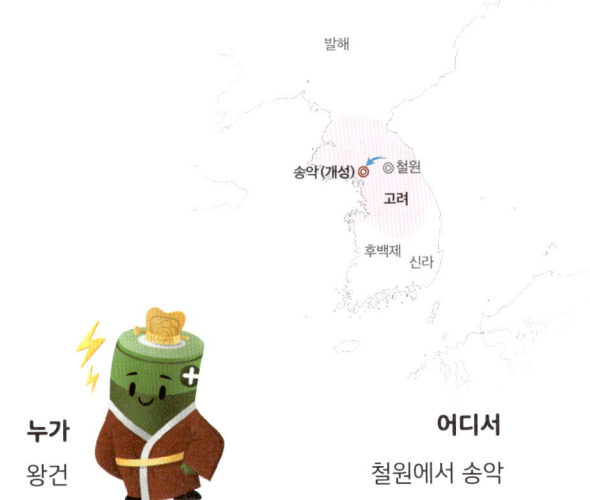

누가 왕건

어디서 철원에서 송악

왕건은 송악의 유력한 호족 집안의 아들로 태어났어. 그의 가족은 송악에 자리 잡고 있던 궁예의 신임을 받았고 특히 왕건은 가장 높은 시중의 자리까지 오르게 돼. 여러 전투에 나가 큰 공을 세우며 자신의 입지를 튼튼히 한 결과였지.

당시 궁예는 날이 갈수록 포악한 정치를 펼치고 있었단다. 그런 궁예에게 지칠 대로 지친 신하들은 어떤 선택을 했을까? 그들은 왕건을 새로운 국왕으로 추대하였고, 궁예는 궁 밖으로 쫓겨나 민심이 떠난 백성들에게 비참하게 죽어.

새롭게 왕위에 오른 왕건은 나라의 이름을 '고려'로 칭하고, 수도를 철원에서 송악으로 옮긴 후 그곳의 이름을 '개경'이라고 불렀어.

개성 송악산 아래에 있는 고려의 왕궁터. 만월대
평양조선중앙역사박물관에 있는 태조왕건의 청동상이야.

검색 톡톡 □ 개경 □ 고창 전투 □ 일리천 전투 □ 공산전투

① 독일 왕국 설립 (C.E. 918~962)
② 최초로 화약 사용 (C.E. 919)

생각 통통 왕건은 신라가 항복해오기 전부터 신라의 경순왕을 극진히 대접했대. 후백제의 견훤에게는 강하게 대적했던 왕건이 왜 망해가던 신라의 왕은 극진히 대접했을까?

기억 UP! 고쌤의 상상스토리

궁예를 몰아내고 새롭게 왕위에 오른 왕건이 **짝!궁예(918)** 이놈~~하며 혼내주는 모습으로 상상했어. 에너지 넘치는 왕건전지를 왕건의 캐릭터로 만들었단다. 궁예 세력을 제거할 정도로 힘이 센 왕건은 혼자 힘으로 나라를 세웠을까? 아냐~ 왕건전지가 (+)극과 (-)극이 있어야 에너지를 내듯 왕건도 혼자가 아닌 여러 호족의 도움을 받아 나라를 세웠어.

918
짝궁예

너만의 이미지를 그려봐!

9 -
1 -
8 -

926년 발해, 멸망하다

누가 거란족

어디서 상경 (현재 중국의 헤이룽장 성)

10세기 동북아시아에는 큰 변화가 일어났어. 만주에서 유목민족인 거란족이 세력을 확장하기 시작한 거야. 유목민족들은 말을 매우 잘 다뤄서 말 위에서 적을 공격하는 기술도 손쉽게 해냈어. 그러니 농사를 지으며 정착 생활을 하는 민족에게 거란족은 매우 위협적인 존재였겠지?

거란은 세력을 확장하며 자신들에게 걸림돌이 되는 발해를 공격했어. 그리고 발해는 한 달도 되지 않아 이상할 만큼 손쉽게 무너져 버렸지. 발해는 다민족 국가로 9세기 말부터 나라 안의 분쟁이 많은 상태였는데, 힘을 하나로 모으지 못한 채 거란의 공격을 받은 게 너무나도 치명적이었나 봐.

그렇게 망한 발해의 유민들은 모두 남쪽의 고려로 넘어왔어. 이에 고려는 통일신라가 하지 못했던, 고구려의 후손인 발해 유민까지 흡수하는 최초의 '민족통일'을 이루게 되었단다.

호괴라는 거란인이 그린 거란족의 모습이야.

 검색 톡톡 □ 한민족 개념 성립 □ 예맥족 □ 유목민족 □ 정안국

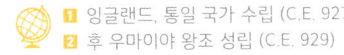 ① 잉글랜드, 통일 국가 수립 (C.E. 927)
② 후 우마이야 왕조 성립 (C.E. 929)

 생각 통통 유목민족은 한곳에 정착하지 못하고 부족별로 생활하다 강력한 지도자가 나타나면 그 지도자를 중심으로 똘똘 뭉치곤 했어. 그동안 유목민족을 잘 통제하며 지내오던 발해가 일순간에 망해버린 이유는 무엇일까?

기억 UP! 고쌤의 상상스토리

'해'처럼 영원히 뜨거울 것 같이 찬란했던 발해는 거란에 멸망하고 말아. 간질간질 지네가 발을 기어가면서 해를 덮치고 있어. 이렇게 발해는 간질간질한 발처럼 내부에서 잦은 불화로 인해 국력이 약해지고 결국 거란에 멸망하게 된 거야. 떠올려봐! 지네가 기어가는 발(**지네발 926**)과 죽어가는 발해(**죽는발 926**)를 말이야..

**9 2 6
지네발
죽는발**

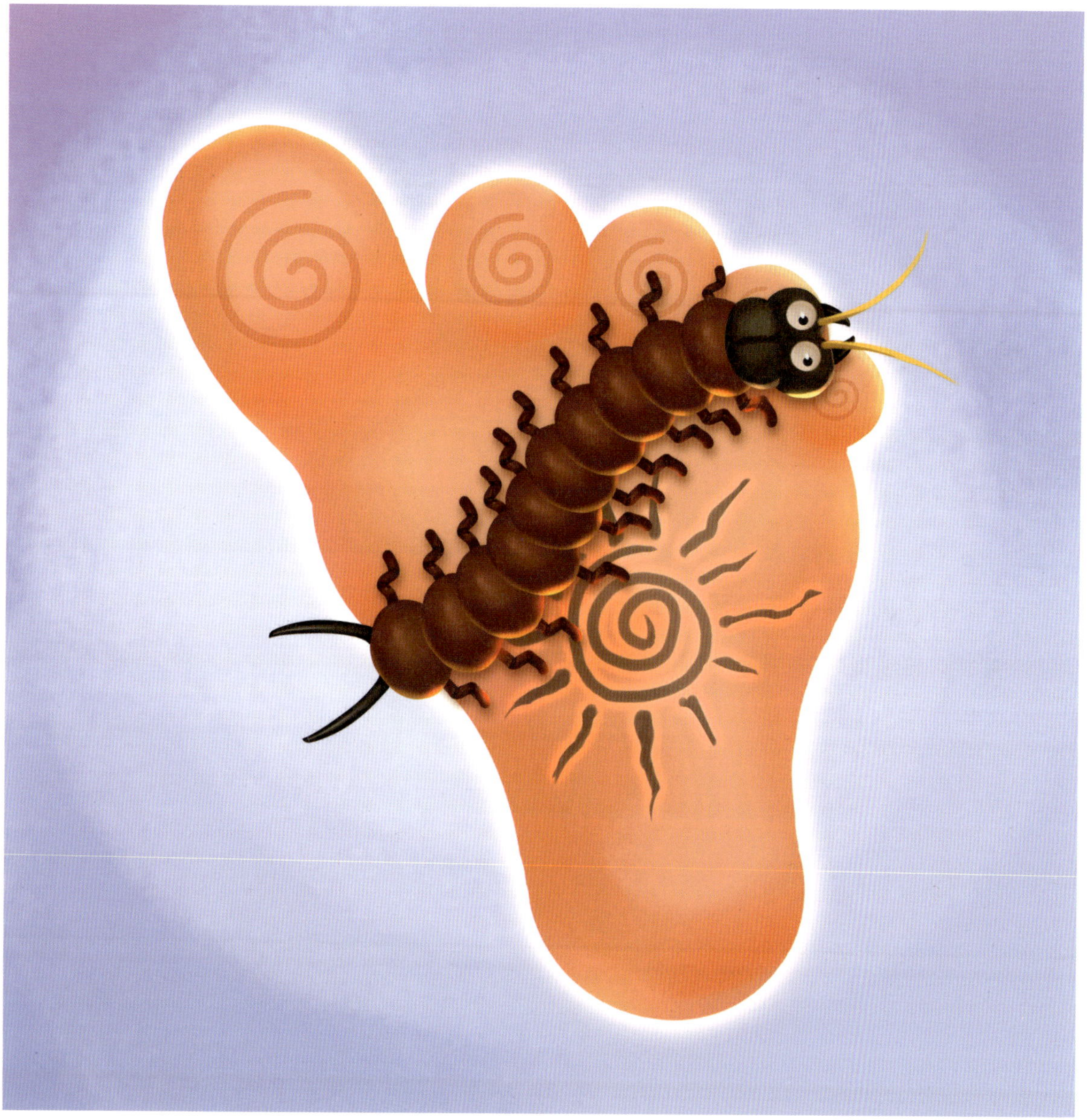

너만의 이미지를 그려봐!

9 -
2 -
6 -

'남북국시대를 매듭지으며'
어디까지가 우리나라 인가요?

여러분, 혹시 땅따먹기라는 놀이를 알고 있나요? 땅따먹기는 네모 안에서 손으로 튕겨낸 돌의 위치를 이어 내 땅 표시를 하고, 상대편의 땅을 뺏어오기도 하는 놀이에요. 경계선을 넘어가면 안 되며, 손으로 튕기는 횟수는 3번으로 제한하는 등 나름의 철저한 규칙을 지키며 재미있게 땅따먹기를 하다가도 게임이 끝나고 나면 손을 탁탁 털고 미련 없이 집으로 달려갈 수 있어요. 게임은 게임일 뿐, 그 땅이 진짜 내 땅이 아니라는 사실을 알고 있기 때문이에요.

세계지도를 보면 지구상에는 많은 나라가 존재하고, 각 나라는 자신들의 땅을 가지고 있어요. 하지만 먼 옛날 지도에 나라별 경계선이 명확히 표현되지 않던 시절에는 각국의 권력이 미치는 범위까지를 그 나라의 영토로 생각했어요. 그래서 영토에 성을 세우고 군사를 배치한 뒤, 자국민들을 이주 시켜 안정적으로 살게 하는 등 '이 땅이 우리나라의 통치 권력 안에 있다!'는 사실을 보이기 위한 물리적인 관리를 해야 했어요.

하지만 현재 우리가 지도에서 확인할 수 있는 각 나라의 영토는 국제법으로 정해진 경계선이에요. 각 나라의 영토는 그 국가의 주권이 미치는 영역이기 때문에 그 나라의 국적을 가진 국민이 아니면 함부로 들어갈 수 없어요. 우리가 일본을 여행할 때는 반드시 우리의 국적과 신분을 증명하는 여권이 필요하지만, 우리의 영토인 제주도와 울릉도, 독도를 여행할 때는 자유롭게 방문할 수 있는 것처럼 말이에요.

그런데 각 나라가 자신의 소유라고 주장할 수 있는 것이 '땅' 뿐일까요? 땅에만 접근하지 않는다면 우리는 개인 소유 비행기를 가지고 어느 나라 하늘이든 날아다니고, 개인 소유 배를 가지고 어느 나라 바다든 들어갈 수 있을까요? 그렇지 않아요. 국가의 통치권이 미치는 범위는 영토뿐만 아니라, 각 나라의 바다인 영해와 각 나라의 하늘인 영공까지도 포함된답니다. 영해는 영토를 기준으로 12해리(약 22km)까지를 포함하며,

영공은 영토와 영해선으로부터 하늘을 향해 수직으로 쭉 그은 선까지를 포함해요. 영토와 마찬가지로 각 나라의 바다와 하늘 역시 그 나라의 허락이 없이는 함부로 침입할 수 없는 것이죠.

하지만 우리 조금만 더 깊이 생각해볼까요? '우리나라'는 영토, 영해, 영공 이처럼 보이는 것에만 국한돼 있지 않아요. 눈에 보이는 영토와 영해, 영공만큼 중요한 것은 주권이 있는 땅에서 그 나라의 국적을 가지고 살아가는 국민이거든요. 때론 우리 국민 한 사람 한 사람이 '대한민국'을 대표한다는 점을 기억해야 해요. 국제 스포츠 대회나 해외 유명 시상식에 참여하는 우리나라 예술인들이 대한민국의 국민이 대표로 대한민국의 위상을 높인 것처럼, 우리 역시도 주어진 삶의 위치에서, 또 꿈을 실현할 세계의 무대에서, 우리가 만든 물건, 프로그램 등으로 대한민국을 대표하는 역할을 할 수 있어요. 이런 맥락에서 '우리는 어디까지를 우리나라라고 표현할 수 있을까?'라는 질문을 다시 생각해보면, 보이는 것을 넘어 대한민국의 국민인 나 자신! 까지라고 당당하게 답할 수 있겠죠? 우리의 말과 행동, 우리가 살아가는 삶이 곧 우리나라 '대한민국'을 의미합니다. 우리 함께 자랑스러운 대한민국을 만들어가요!

C.E. 936~1388
고려시대

936
고려 후삼국 통일

956
노비안검법 실시

958
과거 실시

993
거란 1차 침입

1136
묘청의 난

1145
삼국사기 완성

1170
무신정변

1176
망이, 망소이 난

1271
원 간섭기

1352
공민왕의 개혁

1363
목화씨 도입

1377
최무선 화통도감

고려, 고난을 딛고 꽃처럼 피어오르다.

모든 나라의 역사 속에는 흥망성쇠가 담겨 있듯이 남북국시대도 영원할 수 없었어.
새롭게 등장한 강력한 귀족들에 의해 후삼국시대가 열렸고, 뒤이어 나누어진 후삼국을 통일한 왕건에 의해
'고려시대'가 시작되었지. 비록 거란, 여진, 몽골 등의 침입을 받는 등 고통의 시간을 겪었던 고려였지만,
역대 왕과 신하들이 나라를 강하게 하려고 시행한 정책들을 살펴봐 봐!
500년 역사를 이어온 고려의 힘을 느낄 수 있을 거야.

1009
강조의 변, 거란 2차 침입

1019
거란 3차 침입

1107
별무반 여진정벌

1126
이자겸의 난

1198
만적의 난

1231
몽골 침입

1236
팔만대장경 제작

1270
삼별초의 저항

1388
위화도 회군

※ 시대별 연도 기간은 책 내용 기준임.

936년 왕건, 후삼국을 통일하다

누가: 왕건
어디서: 고려

후삼국을 통일하려면 시대의 주도권을 잡아야 했어. 당시 후백제가 쥐고 있는 주도권을 뺏어 오기 위해 고려는 온 힘을 다해 싸웠지.

그런데 대반전! 전쟁의 흐름을 살피던 신라 경순왕이 왕건에게 항복을 외치며 935년 신라를 고려에 넘겨준 거야. 그다음 해인 936년 견훤과 아들들의 권력다툼으로 힘이 약해진 후백제 역시 고려에 항복하면서 고려는 후삼국을 통일하게 돼.

'고려'라는 나라 이름에서도 볼 수 있듯 왕건은 고려가 고구려를 계승한 나라임을 주장하며, 고구려의 옛 영토였던 북쪽으로 땅을 넓히기 시작했어. 왕건은 왕권을 강화하기 위해 지방의 힘 있는 호족들과 좋은 관계를 유지했고, 이를 위해 호족과 혼인 관계를 맺거나, 그들에게 자신의 왕씨 성을 내리기도 했단다. 나아가 호족들에 사심관이라는 직책을 주어 지방 통치를 책임지게 했으며, 신라의 마지막 왕이었던 경순왕에게도 사심관으로서 경주 지역을 계속 다스릴 수 있도록 했어.

 검색 톡톡 ☐ 훈요십조 ☐ 왕건 호족 정책 ☐ 경순왕 ☐ 신검과 금강

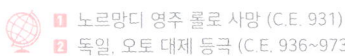
1. 노르망디 영주 롤로 사망 (C.E. 931)
2. 독일, 오토 대제 등극 (C.E. 936~973)

 생각 통통 왕건이 호족을 하나로 모으기 위해 펼친 정책들은 이후 고려에 어떤 영향을 미쳤을까?

기억 UP! 고쌤의 상상스토리

푸르고 넓게 펼쳐져 있는 **잔디밭(935)**을 봐봐. 뾰족뾰족한 풀들은 날카롭지만, 크게 보면 모든 걸 다 품을 수 있는 넓은 공간이지? 마치 고려처럼 말이야. 고려는 매섭게 후고구려와 후백제를 무너뜨리고, 신라 경순왕의 항복도 받아내고, 발해 이민족까지 받아주는 포용력까지 가졌어. 너른 잔디밭 가운데 왕건의 품에 안겨있는 후백제와 신라가 보이니? 이제 잔디밭 하면 후삼국 통일이 떠오를 거야.

936 잔디밭

너만의 이미지를 그려봐!

9 -
3 -
6 -

956년 광종, 노비안검법을 실시하다

누가 광종

어디서 개경

    태조 왕건의 뒤를 이을 왕위 계승을 두고 호족들은 물론이며 왕자들 간에 다툼도 끊이지 않았어. 왕건이 호족과 친척 관계를 맺어 왕권을 강화하기 위해 결혼정책을 실행한 후, 29명의 부인과 25명의 왕자를 남기고 세상을 떠났거든. 궁궐에는 왕위 쟁탈전으로 인해 어마어마한 피바람이 몰아쳤어. 고려의 2대, 3대 임금 모두가 왕건의 아들이었고, 그들 모두 즉위 후 5년도 되지 않아 의문사로 세상을 떠났으니 그 당시 상황이 얼마나 살벌했는지 조금 감이 오니?

    이런 혼란 중에 제4대 왕으로 광종이 즉위했단다. 광종은 왕권을 강화하고 호족 세력을 약화시키기 위해 여러 가지 정책을 추진했어. 먼저, 자신의 형이자 3대 임금이었던 정종이 추진했던 서경 천도를 위한 새 도성 공사를 중단 시켜 고된 노역에 지친 백성들을 다독였고, 종교의 힘을 빌려 혼란스러운 백성의 마음을 하나로 묶기 위해 나라 곳곳에 사찰을 세우기도 했어. 많은 백성의 지지를 받았겠지?

    그중 광종이 시행한 왕권 강화 정책 중 가장 빛나는 업적은 바로 '노비안검법'이야. 호족들이 전쟁 포로나 빚을 갚지 못한 평민들을 데려와 강압적으로 만든 노비들을 해방해 준 법이지. 이런 정책들의 실행으로 인해 호족들은 경제적인 타격을 입었고, 개인 병사로 키우던 노비의 수가 줄어들자 그들의 군사적 기반도 흔들리게 되었어.

 □ 고려 왕 계보 □ 고려 호족 약화

 🌐 투이통가왕조 건국 (C.E. 950)
🌐 오토 대제, 독일 왕국 확장 (C.E. 955)

광종은 노비를 해방하고 어떤 이득을 얻었을까?

기억 UP! 고쌤의 상상스토리

그동안 억울하게 노비가 됐던 백성들을 풀어주고 위로의 **주먹밥(956)**을 건네주는 광종. 광나게 빛나는 종을 딸랑딸랑~ 흔드는 광종이 보이니? 백성들의 눈에는 자신들을 노비에서 해방해준 광종이 이렇게 눈부셔 보였을 거야. 하지만 이제 노비에서 해방된 백성들은 나라에 세금을 내야 한다는 사실! 그들도 알고 있을까? 허허. 그나저나 광종의 손에 든 주먹밥 참 맛있어 보이지?

956 주먹밥

너만의 이미지를 그려봐!

9 -
5 -
6 -

958년
광종, 과거제를 실시하다

누가 광종

어디서 개경

　광종은 왕권 강화를 위해 꾸준히 새로운 정책을 펼쳤는데, 그중 하나가 중국 후주에서 귀화해 온 쌍기가 제안했던 '과거제'야. '이제부터 실력 있는 신하들만 내 곁에 두겠어!!' 하고 결심한 광종은 유교의 내용을 시험하여 통과한 자들을 인재로 등용한 후 왕의 주변에서 일할 수 있게 했지. 거기다 그는 신하들의 관등에 따라 옷을 정해 왕보다 화려한 옷을 입지 못하도록 하기도 했어. 이렇게 점차 호족의 세력은 약해졌고, 왕에게 충성하는 신하들의 수는 늘어나기 시작했지.

　호족들이 과연 가만히 지켜보기만 했을까? 당연히 거세게 반발했어! 하지만 광종은 호족들의 반발을 역모죄로 보아 단호하게 숙청시켰고, 더는 신하들에 의해 흔들리지 않는 왕권을 만들어 갔어. 광종은 여러 가지 개혁을 통해 왕건 사후 혼란스러웠던 고려의 상황을 정리하고 강력한 왕권을 세우는 데 성공한 거야.

검색 톡톡 ☐ 과거제 ☐ 쌍기 ☐ 호족과 문벌귀족 ☐ 연호(年號) ☐ 외왕내제

① 중국, 송나라 건국 (C.E. 960)
② 오토, 신성로마제국 통치 (C.E. 962)

생각 통통 과거시험에 합격한 사람은 중앙 관직에 들어갈 수 있었어. 이 과거시험의 가장 큰 수혜자는 누구일까?

기억 UP! 고쌤의 상상스토리

광종은 과연 개혁의 군주다워. 힘이 아닌 '과거제도'라는 정책으로 호족을 견제할 방법을 찾았으니 말이야. 광종 곁에 서 있는 관모 뒤에 쌍 깃발이 꽂혀있는 사람 보이니? 그가 바로 과거제도를 제안한 후주의 사신 쌍기란다. 그런데 잠깐! 이런~! 나라에서 치르는 시험인데도 지각생이 나왔나 봐. **잠만요!(958)** 외치는 저 응시생은 과연 무사히 시험을 치러 관직 자리에 오를 수 있을까?

958
잠만요

너만의 이미지를 그려봐!

9 -
5 -
8 -

보기만 해도 저절로 떠오르는 역사기억법 한국사 110

993년
거란, 고려를 침입하다 1차

누가 서희

어디서 강동 6주 (현재 평안북도)

　926년 거란족은 발해를 멸망시켰어. 발해의 유민들은 갈 곳을 잃고 방황하다가 대부분 고려로 내려오게 되었지. 그때 한창 영토를 확장하고 있던 거란은 중국으로 진출하기 전 뒤를 잘 부탁한다며 고려를 찾아왔어. 하지만 태조 왕건은 형제의 나라였던 발해를 멸망시킨 거란족의 부탁을 거절했단다. 또한 고려는 거란을 멀리하고 송나라와 계속 친하게 지냈어. 거란이 가만히 있지 않았겠지? 거란은 소손녕을 대장으로 삼아 대군을 몰고 고려에 쳐들어왔어. 그리고는 전쟁으로 모든 것을 약탈해 갈 줄 알았는데? 글쎄 '우리랑 대화 좀 합시다.' 떼를 쓰는 거야.

　그때 거란의 속마음을 알아차린 서희가 홀로 거란 진영으로 들어가서는 거란이 실제로 원하던 것, 즉 송나라와 친하게 지내지 말고 거란을 도와달라는 요구를 들어주기로 해. 하지만 전제 조건을 달았어. 거란과 고려 사이를 방해하는 여진족이 있으니 돌아가는 길에 여진족을 공격해서 길을 터주면 거란과 친하게 지내겠다는 것이었지. 소손녕은 그 말을 철석같이 믿고, 그 길로 대군을 몰아 거란으로 돌아가며 여진을 친 후, 압록강 주변 6개 성을 빼앗아 고려에 선물했어. 이곳이 바로 현재의 평안북도 지역에 있는 강동 6주야.

 ☐ 요나라와 송나라　☐ 연운 16주

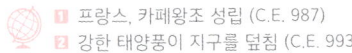
1 프랑스, 카페왕조 성립 (C.E. 987)
2 강한 태양풍이 지구를 덮침 (C.E. 993)

 서희가 거란과 나눈 대화가 현재의 토론과 비슷하지 않니? 우리만의 토론 잘하기 전략을 세워보자.

기억 UP! 고쌤의 상상스토리

거란의 대군을 논리적인 말로 이긴 서희의 **작전(99)**은 정말 대단해! 적진에 홀로 들어가 처음부터 끝까지 당당했던 서희의 태도에는 자신감이 넘쳐 보여. 반면에 처음부터 기 싸움에서 밀린 소손녕은 당황했는지 부하들이 보는 앞에서 손에 **땀(3)**을 흘리고 있네? 깨알 팁! 서희는 서서 희희 웃고 있고, 소손녕은 커다란 '손'으로 곧 안녕~하고는 떠날 것 같아!

993
작전땀

9 - ☐☐☐
9 - ☐☐☐
3 - ☐☐☐

1009년
강조의 변,
거란 공격 2차
구실이 되다

누가 현종 **어디서** 개경

이 당시 고려는 나라 꼴이 말이 아니었어. 어린 왕인 목종의 즉위와 그 어머니 천추태후 탓이었지. 천추태후는 승려임을 사칭한 김치양이라는 자와 추문이 있었고, 둘 사이에는 아들도 생겼어. 이후 김치양은 천추태후의 권력을 등에 업고 차기 왕위 계승 1순위였던 대량원군을 제거하고, 자기의 아들을 왕으로 세우려는 계획까지 세웠지.

그러던 중 목종이 몸이 아파 돌아가실 것 같다는 소식이 나라에 퍼졌고, 이때를 기회 삼아 강조라는 장수는 새로운 왕을 모시겠다며 반란을 계획했어. 강조는 군사를 일으켜 왕족 중 한 명인 대량원군을 모시고 궁으로 진격했어. 그런데 궁에 다다르기 직전, 웬걸! 목종이 아직 살아계신다는 걸 알게 된 거야. 강조는 당황했지만, 기왕 벌인 일! 목종을 폐위시키고 천추태후를 귀양 보낸 후 대량원군을 고려의 현종으로 세웠단다.

거란이 세운 요나라는 강조의 정변이 반란이었다는 것을 핑계 삼아 고려를 두 번째로 침공해 왔어.(1010년) 강조는 거란을 막기 위해 나라의 군대를 다 끌어모아 방어했지만 실패했고, 그 사이 현종은 개경에서 전라도 나주까지 머나먼 피란을 떠나기도 했지. 요나라의 공격은 거세었지만, 고려 곳곳에서 목숨을 바쳐 싸운 양규와 같은 장수들 덕분에 고려는 요나라를 물러가게 할 수 있었어.

 검색톡톡 ☐ 현종의 나주 몽진 ☐ 현종의 입조 ☐ 양규 ☐ 김숙흥

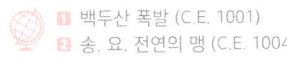 ❶ 백두산 폭발 (C.E. 1001) ❷ 송, 요. 전연의 맹 (C.E. 1004)

 생각통통 국가의 주인이었던 왕이 수도를 떠나 피난을 갔어. 현종은 죽지 않고 살아남아 끝까지 국가를 지키기 위해 현명한 선택을 한 것일까? 목숨이 아까워 도망친 것뿐일까? 너는 어떻게 생각해?

기억 UP! 고쌤의 상상스토리

강조의 변은 헌애왕후를 방패 삼아 사치와 향락을 일삼았던 김치양이라는 존재가 큰 원인이었어. 강조가 **김치(10)**양을 태형(채찍형)에 처하고 있네. 채찍을 강하게 내리치는 강하게 생긴 새 강조는 정말 화가 많이 났나 봐. 엉덩이에 **채찍(09)**을 맞으면 매운 김치를 올려놓은 것 같이 얼얼할 거야.

1009
김치채찍

1 -
0 -
0 -
9 -

너만의 이미지를 그려봐!

1019년
거란, 고려를 침입하다 3차

누가 강감찬

어디서 귀주 (현재 평안북도)

먼 나주까지 피란 갔다가 개경으로 돌아온 현종은 요나라와의 약속을 깨고 송나라와 다시 친하게 지냈어. 요나라가 가만히 있었을까? 당연히 아니지! 10만 대군을 이끌고 고려를 쳐들어왔어.

현종은 강감찬 장군에게 20만 군사를 주고 고려를 방어하라고 지시했고, 강감찬은 머리를 써 전략을 세우지. 우선, 흥화진이란 곳에 둑을 쌓아 강물을 막고 있다가 요나라군이 강을 건널 때 둑을 무너뜨렸어. 이후 혼란에 빠진 군사들의 사기가 꺾일 때쯤 공격을 퍼부어 요나라 군사들을 지치게 했지. 거기다가 귀주에서는 전쟁을 포기하고 돌아가는 요나라 군사들의 뒤를 쳐서 적이 순순히 돌아가지 못하도록 무찔러 없앴어. 기록에 의하면 10만의 요나라 군사 중 살아 돌아간 이가 2천 명이 채 안 됐다고 해.

대군을 만드는 것도 힘들지만 대군을 잘 이끄는 능력도 중요한데, 어때? 강감찬 장군은 우리나라 전쟁 역사에서 손에 꼽을 만한 장군이라고 할 수 있겠지? 이렇게 고려가 거란(요)의 3차례 걸친 침입을 끄떡없이 물리쳤으니, 거란(요)이 마음 놓고 중국의 송나라를 공격할 수 있었을까? 아니었어. 결국 중국의 송, 거란이 세운 요 그리고 고려의 세력은 균형을 이루게 되었단다.

 □ 소배압 □ 귀주대첩 □ 낙성대 □ 흥화진 전투 □ 청야전술

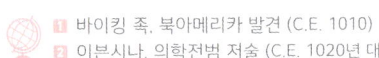
1 바이킹 족, 북아메리카 발견 (C.E. 1010)
2 이븐시나, 의학전범 저술 (C.E. 1020년 대)

 지피지기면 백전불태! 나를 알고 적을 알면 백 번을 싸워도 위태로움이 없다! 강감찬 장군이 요나라를 물리칠 수 있었던 '신의 한 수'는 무엇이었을까?

기억 UP! 고쌤의 상상스토리

그림 속에 단단한 감 장군, 강감찬이 보이니? 강감찬이 귀주대첩에 나갔을 때 나이가 72세였어. 평균수명이 짧았던 그 시절엔 지금보다 더 노인으로 여겨졌을 텐데 참 대단하지? 하지만 가는 세월에 장사는 없다고 약해진 몸으로 전장을 누비시면 기침이 나오셨을지도 몰라. 그럼에도 불구하고 '기침(10)'하며 '가자(19)!'를 외치는 강감찬을 떠올려보자! **기침가자!(1019)**

1019
기침가자

너만의 이미지를 그려봐!

1 -
0 -
1 -
9 -

1107년
윤관, 별무반을 만들다

누가
윤관

어디서
동북 9성

여진족은 한반도의 북쪽 경계에 거주하던 유목민족이었어. 옛 삼국시대부터 고구려에 조공을 바치던 민족이었지. 하지만 점차 힘을 키운 여진족은 고려를 공격하기까지 이르렀고, 이에 숙종은 윤관 장군을 보내어 여진족과 맞서 싸우게 했어. 하지만 말을 타고 싸우는 여진족에게 고려군은 맥없이 무너지고 말았어. 숙종은 윤관에게 "우리도 말을 타고 싸우는 군사들을 양성하라!" 명령했어. 그렇게 '별무반'이라는 군대가 만들어진 거야.

별무반의 등장은 전투에서 큰 효과가 있었고, 결국 숙종 다음 임금인 예종 때 별무반은 여진족을 쫓아낸 뒤 그 지역에 9개의 성을 쌓았어. 그 성들을 '고려 동북쪽의 9개 성이다.' 하여 동북 9성이라고 불렀지.

동북 9성의 위치에 대해서는 지도에 표기된 대로 함흥평야설, 길주 이남설, 두만강 유역설 등 3가지 설이 있단다. 기록이 확실치 않아 연구에 어려움이 있기 때문이지. 너희는 동북 9성이 어디 있었다고 생각하니? 그 근거는 무엇이니?

동북 9성 점령지에 고려의 새 국경 경계석을 세우는 모습을 담은 '척경입비도'야.

 검색 톡톡 ☐ 동북 9성 세가지 설 ☐ 별무반 규모 ☐ 척준경 ☐ 왕자지

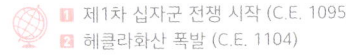
1. 제1차 십자군 전쟁 시작 (C.E. 1095)
2. 헤클라화산 폭발 (C.E. 1104)

 생각 통통 본문의 내용 이후 여진은 동북 9성을 돌려달라며 고려를 찾아왔고, 고려는 어렵게 차지한 동북 9성을 큰 고민 없이 돌려주었어. 고려는 그 땅을 왜 돌려주었을까?

기억 UP! 고쌤의 상상스토리

윤관이 여진을 정벌할 수 있었던 것은 탁월한 리더십과 **고고! 충성(1107)**의 마음으로 온 힘을 다해 싸운 별무반 덕분이었어. 그림 속에 별무반은 밝게 빛나는 별과 단단한 무로 표현했어. 무 머리가 꼭 스님 같지 않니? 별무반에는 스님 출신 항마군도 있었거든. 아 참! 앞으로 1100년대 고려시대에는 11 숫자가 계속 반복될 거야. 그림 속에 **11 모양**을 숨겨둘 테니 함께 찾아보렴.

1107
고고충성

1 -
1 -
0 -
7 -

너만의 이미지를 그려봐!

1126년 이자겸, 반란을 일으키다

누가 이자겸

어디서 개경

광종이 호족 세력을 누르고 왕권을 강화하려고 했던 것 기억나니? 이렇게 왕 아래 과거 합격자들이 모이면서 생겨난 세력이 '문벌귀족'이야. 문벌귀족은 과거시험을 통해 중앙 관직에 진출하기도 하고, '음서'제도를 통해 아빠가 높은 사람이면 아들이 시험을 치지 않아도 관직에 진출할 수 있었어. 게다가 문벌귀족들은 국가로부터 '공음전'이라고 하는 넓은 땅까지 받았지.

이자겸은 문벌귀족 중에서도 최고였던 자야. 딸을 예종과 혼인시키고, 둘 사이에서 태어난 인종에게 다른 딸 2명을 다시 시집 보냈지. 무려 두 임금의 장인이 되었으니 이자겸은 왕도 함부로 할 수 없는 사람이었겠지? 인종은 자신보다 높이 군림하고 있는 이자겸을 없애기 위해 계획을 세웠지만, 이 일이 새어 나가 오히려 이자겸이 먼저 반란을 일으키게 되었단다. 인종은 이 반란을 진압하기 위해 이자겸의 아래 있던 부하 척준경 장군을 설득했고, 척준경이 그를 잡아 귀양 보내면서 이 사건을 매듭지었어.

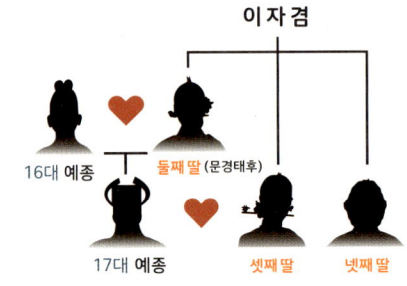

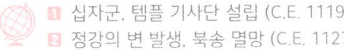
□ 경원 이씨 □ 예종 □ 인종 □ 공음전 □ 외척과 환관

1 십자군, 템플 기사단 설립 (C.E. 1119)
2 정강의 변 발생, 북송 멸망 (C.E. 1127)

왕건의 혼인정책과, 이자겸의 혼인전략은 어떤 차이가 있을까?

기억 UP! 고쌤의 상상스토리

왕 위에 군림하려는 이자겸에게 화가 난 인종. 이 일로 귀양을 가게 된 이자겸. 두 남자는 모두 화가 나 있어. 노발대발한 이자겸과 장인어른 **그건나빠(1126)**요! 하며 화내는 인종의 모습이 떠올라. 화가 많아 잠을 설쳤나? 눈병(26)이 난 듯 벌겋게 눈이 충혈되었네? 이 그림 속에서도 **11 모양**을 숨겨두었어. 함께 찾아보자.

1126
그건나빠

1 -
1 -
2 -
6 -

너만의 이미지를 그려봐!

1136년
묘청, 반란을 일으키다

누가 묘청

어디서 서경 (현재 평안남도 평양)

이자겸의 난을 겪은 인종은 반란으로 불타버린 수도, 개경을 벗어나고 싶어 했어. 속상했던 일을 겪은 집에서 계속 산다고 생각해봐. 그때 기억이 자꾸 떠올라 힘들지 않겠어?

그래서 인종은 승려 묘청의 의견을 받아들여 풍수지리적으로 위치가 좋으며, 옛 고구려의 수도이기도 했던 서경(평양)으로 수도를 옮기려고 했어. 그러자 이번에는 개경에 오랫동안 살아왔던 문벌귀족들의 대표 김부식이 반발하는 거야. 왕과 함께 일하는 문벌귀족들은 수도를 옮기면 자신의 모든 소유지를 버리고 본인들의 기반이 전혀 없는 새로운 지역으로 왕을 따라가야 했거든.

결국 인종은 수도를 옮기지 않기로 했어. 서경에서 짓고 있던 궁궐에 불이 나기도 했고, 문벌귀족들의 반대가 워낙 심하니 마음을 바꾼 거지. 그러자 이번에는 여기에 화가 난 묘청이 국호를 '대위'라 칭하는 나라를 세우며 난을 일으켰어. 하지만 김부식에게 패배하며 반란은 금세 마무리가 되었단다.

묘청이 개혁 세력들과 함께 고려를 부흥시키려 난을 일으켰던 서경의 '대화궁' 터야.

 검색톡톡   ☐ 개경파와 서경파 ☐ 대화궁 ☐ 조선상고사 ☐ 풍수지리

 ❶ 북아메리카 남서부, 사막화 (C.E. 1130~1180)
❷ 바르셀로나, 아라곤 병합 (C.E. 1137)

 생각통통   단재 신채호 선생은 묘청의 서경 천도 운동을 우리나라 역사상 가장 중요했던 사건이라고 평가했어. 신채호 선생은 왜 이런 평가를 했을까?

기억 UP! 고쌤의 상상스토리

묘청은 왕을 기다리다 못해 인내심의 한계를 느꼈을 거야. 한때 유행했던 노래 '땡벌'의 가사 한 소절이 생각나네. 나는 이제 지쳤어요~ 땡벌'땡벌(36)' 더는 못 기다리겠다며 서경으로 **고고(11)**를 외치면서 **땡벌(36)**노래를 부르는 묘청의 뒤에 김부식이라는 **태풍(36)**이 휘몰아쳐 오고 있는데.. 묘청은 알고 있으려나? 자! 11 찾기, 잊지 않았지?

1136 고고땡벌
고고태풍

너만의 이미지를 그려봐!

1 -
1 -
3 -
6 -

1145년
김부식, 삼국사기를 쓰다

누가 김부식

어디서 개경

    고려는 전쟁이나 반란이 일어나면 문신이 군의 총대장 역할을 했어. 문신 김부식은 장군으로 출진해 묘청의 반란을 진압하고 돌아온 이후 아주 뜻깊은 작업을 시작했는데, 바로 <삼국사기>의 편찬이야.

    그는 그동안 전해 내려온 신빙성 있는 이야기, 중국의 역사서 등을 참고해 삼국시대부터 통일신라까지의 역사를 정리했어. <삼국사기>의 편찬으로 오늘날 우리가 고대의 역사를 조금 더 상세하게 알 수 있게 된 거야.

    하지만 김부식은 누가 봐도 말이 안 되는 전설이나 신화 등은 쏙 빼놓고 작성했어. 그래서 <삼국사기>는 단군 신화에 관한 기록이 없고, 삼국의 왕들이 등장하는 것부터 이야기를 시작하지. 그뿐만 아니라 아무래도 김부식이 신라 왕족의 출신이다 보니, 건국 연도를 쓰거나 책의 순서를 정할 때 모두 신라를 첫 순서에 놓고 기록을 했단다. <삼국사기>의 아쉬운 점들이야.

    하지만 이런 아쉬움을 달래주는 책도 있으니 '일연'이 쓴 <삼국유사>란다. <삼국유사>는 <삼국사기>에 빠져있는 전설과 신화를 자세히 기록해두어 오늘날 우리가 옛날이야기를 참고하기 위해 자주 찾을 수 있는 책이야. <삼국유사>에는 단군 신화 내용이 기록되어 있을까? 물론이지!

 □ 삼국사기의 의의와 한계　□ 우리나라 고대역사서 개수　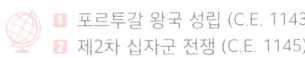

 삼국사기의 한자어를 찾아보고, 김부식이 왜 전설이나 신화를 삼국사기에 수록하지 않았는지 적어보자.

기억 UP! 고쌤의 상상스토리

삼국사기의 내용이 그 시대를 모두 설명한다고 볼 수 없지만, 분명한 건 그 시대에 대한 정보를 알게 되면서 다양한 사고를 할 수 있다는 거지. 즉, **고고!학문(1145)**인 가치가 매우 높다는 사실. 우리가 지금 보는 드라마나 영화 등의 창작물도 수백 년 전 김부식의 삼국사기 덕분이지 않겠어? 삼국사기 너~ '한몫(45)'하는구나? 후훗! 이 그림에서도 11 찾기를 꼭 해 봐~!

1 1 4 5
고고학문
고고한몫

너만의 이미지를 그려봐!

1 -
1 -
4 -
5 -

1170년
무신, 정변을 일으키다

누가 정중부

어디서 개경 보현원

다시 한번 강조하지만 고려 시대의 싸움을 담당하는 무신은 글공부와 정치를 담당하는 문신보다 지위가 낮아서 높은 관직에 올라갈 수 없었어. 전쟁에서 큰 공을 세워 이름을 널리 알린 윤관, 강감찬 장군들도 사실 무신이 아닌 문신일 정도였으니까. 무신들은 언제나 문신에게 무시당하기 일쑤였지.

그러던 어느 날이었어. 의종이 보현원에서 술을 마시던 중 무신들에게 '수박희' 경기를 시켰는데, 경기에서 나이가 많고 지위가 매우 높았던 무신 대장군 이소응이 패하고 만 거야. 그때 그 모습을 보던 어리고 지위도 낮은 문신 한뢰가 다가와 모두가 보는 앞에서 이소응의 뺨을 때렸어. 참을 수 없는 치욕에 무신들의 분노는 폭발했고, 이후 "문관인 자는 모두 죽여라!" 무신 정중부의 외침으로 무신의 난이 일어났지. 무신들은 문신을 모조리 죽였고, 고려 문신의 시대는 막을 내리게 됐어.

이후 무신 정중부, 경대승, 이의민 등이 나라의 최고 지도자 자리에 올랐다가, 최충헌이 권력을 잡게 된 이후부터는 그의 아들 최우를 비롯해 최씨 가문이 계속해서 최고 지도자 자리를 이어갔어. 고려에 '최씨 정권'의 시대가 시작된 거야.

 □ 정중부와 수염사건 □ 경대승 □ 이의민 □ 최충헌 □ 중방

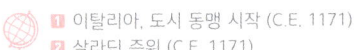

① 이탈리아, 도시 동맹 시작 (C.E. 1171)
② 살라딘 즉위 (C.E. 1171)

 고려 시대 때 무신이 유독 심하게 무시당했던 이유는 무엇일까?

기억 UP! 고쌤의 상상스토리

무신들은 전쟁에 나가 공을 세웠지만 인정받지 못했어. 거기다 치욕적인 수박희 사건까지 당했으니 무신들의 분노가 극에 달했겠지? 그림 속 **곳곳**(11)에 **시체**(70)로 쓰러져 있는 문신들과 그 사이에 씩씩대고 있는 무신의 모습을 봐. 드라마의 절정 부분을 보고 있는 듯해. 덜덜덜. 혹시 분위기가 살벌하다고 숨겨둔 11자 찾기를 패스하려는 건 아니지?

1170
곳곳시체

곳곳시체

1 -
1 -
7 -
0 -

너만의 이미지를 그려봐!

1176년 망이와 망소이, 반란을 일으키다

누가 망이, 망소이 형제

어디서 명학소 (현재 대전)

무신정변으로 고려에는 새로운 시대가 시작되었어. 당시 백성들의 삶은 나아졌을까? 오히려 더 나빠졌단다. 나라를 처음 다스려보는 무신들이 민심은 생각지도 않고 자기 집을 짓기 위해 백성이 사는 집 100채를 헐어버리는 등 횡포를 부리며 백성들을 괴롭혔거든. 그래서 이 시기에는 나라 곳곳에서 많은 반란이 일어났어.

망이, 망소이의 이야기를 알아보자. 그들은 명학소에 살고 있던 천민이었어. 명학소를 비롯한 향, 소, 부곡이라는 이름이 들어간 동네는 천민들이 모여 사는 동네였는데, 아무래도 신분이 천민이다 보니 다른 마을에 비해 더 심한 괴롭힘을 당하고 있었지. 가진 것을 빼앗기고 먹을 것조차 없어진 망이, 망소이 형제는 주변에 괴롭힘을 당하는 사람들을 모아 반란을 일으켰어.

하지만 그들의 반란은 실패했단다. 비록 반란에 성공하지는 못했어도, 자신에게 주어진 신분에 맞춰 타협하지 않고 신분을 뛰어넘으려 노력했던 운동이니 참 의미 있는 사건이지?

망이, 망소이를 기념하는 탑이야. 당시 명학소는 공주였지만 현재는 대전으로 변경되어 기념탑 역시 대전에 위치하고 있어.

 ☐ 특수행정구역 ☐ 향소부곡 생성과 소멸시기

 ❶ 잉글랜드, 아일랜드 정복 (C.E. 1175)
❷ 레나노 전투 (C.E. 1176)

 만약 오늘날에도 신분제도가 있다면 어떨 것 같아? 단, 네가 높은 신분으로 태어날 수도, 낮은 신분으로 태어날 수도 있다는 점을 고려해야 해.

기억 UP! 고쌤의 상상스토리

망이, 망소이의 난은 주어진 상황을 뛰어넘고자 했던 움직임이었어. 작은 막대기로 신분의 장벽인 거대 11을 어떻게든 넘으려는 망이와 망소이가 보이니? 이를 드러내며 안간힘을 쓰고 있는 망아지들을 망이와 망소이의 캐릭터로 표현해봤어. 망소이는 小(작을 소) 소자를 생각해 망이보다 조금 더 작게 그렸고 말이야. **그깟신분(1176)** 우리가 넘을 거야! 라며 외치는 소리가 들리는 듯해.

1176 그깟신분

너만의 이미지를 그려봐!

1 -
1 -
7 -
6 -

1198년
노비 만적, 반란을 꿈꾸다

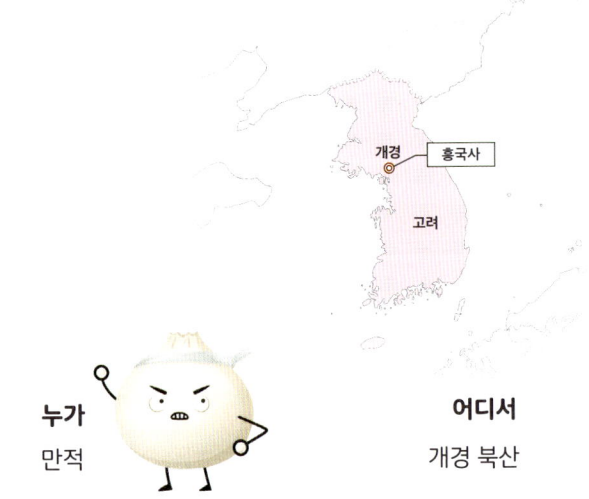

누가 만적

어디서 개경 북산

최충헌은 혼란스러웠던 무신정변 이후의 상황을 빠르게 정리하면서 고려를 안정시켜 나갔어. 그는 '교정도감'이라는 기구를 설치해 나라의 중요한 일을 이곳에서 처리하며 왕보다 더 강한 권력을 갖게 되었지.

그런 최충헌에게는 만적이라는 노비가 있었는데, 타고난 신분이 노비라는 것에 불만을 품고 노비가 없는 세상을 꿈꾸는 자였어. 최충헌 이전에 무신정권의 최고 지도자 위치에 있던 노비 출신 이의민을 보며 자신도 높은 자리에 오를 수 있다고 생각했던 거야.

어느 날 만적은 주변의 노비 친구들을 모으고 말했어. '장수와 재상이 어찌 씨가 따로 있으랴, 때가 오면 누구나 다 할 수 있다!' 그들은 각자 자기 주인을 죽이고 반란을 일으키자 계획했지. 하지만 함께 약속했던 노비 중 순정이라는 자가 이 사실을 주인에게 일러바치면서 만적의 난은 일어나기도 전에 물거품이 되어버렸어.

 검색 톡톡 ☐ 왕후장상 ☐ 외거노비 ☐ 솔거노비

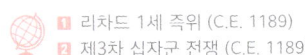
1. 리차드 1세 즉위 (C.E. 1189)
2. 제3차 십자군 전쟁 (C.E. 1189)

 생각 통통 만적이 '장수와 재상의 씨가 따로 없다!'라고 말했을 때, 이 말을 들은 주변의 노비들은 어떤 생각을 했을까?

기억 UP! 고쌤의 상상스토리

왕후장상의 씨가 따로 있느냐! 나에게 신분 해방의 자유를 달라! **고고 자유(1198)**를 외치고 있는 만적을 상상해봐. 문제를 발견하면 해결을 위해 말로만 떠드는 사람이 있고 행동하는 사람이 있어. 만적은 전자일까 후자일까? 속이 가득 찬 뜨거운 만두는 만적과 정말 잘 어울리는 것 같아. 어? 그런데 하늘 위로 쭉 뻗은 만적의 두 손과 흘리는 눈물을 보니 떠오르는 숫자가 있는 것 같지 않니~? 히힛

1198
고고자유

1 -
1 -
9 -
8 -

너만의 이미지를 그려봐!

1231년
몽골, 고려를 침입하다

누가 칭기즈칸

어디서 고려 전역 (강화도 제외)

　13세기, 동서양의 구분 없이 '이 나라' 군대 앞에 벌벌 떨었다! 바로 몽골의 이야기야. 처음에 고려는 몽골과 친하게 지내려고 했어. 하지만 몽골이 자꾸만 무리한 요구를 하니 점차 갈등이 생기기 시작했고, 하필 고려에 왔던 몽골 사신 일행이 돌아가는 길에 의문의 죽임을 당하자 몽골은 이를 트집 잡아 고려를 공격해왔단다. 몽골의 침입에 고려의 수도 개경은 포위되었고, 화해를 요청하는 고려에 몽골은 자신들의 군대를 철수하는 대신 '다루가치'를 두어 고려를 계속 간섭하려고 했어.

　자, 이후에 고려는 가만히 당하기만 했을까? 아니야. 몽골이 다시 쳐들어왔을 때 고려의 승려 김윤후는 몽골의 총사령관인 살리타를 죽이기도 했어. 몽골이 흥하고 망하는 동안 전장에서 총사령관이 전사한 몇 안 되는 경우였지! 살리타의 죽음 이후 몽골군이 철수한 틈을 타서 최우 장군은 방어에 용이한 강화도로 고려의 수도를 옮기고, 몽골과 다시 싸울 준비를 했단다. 강화도는 섬이어서 주로 말을 타고 싸워 해전에 약한 몽골군의 공격을 방어하기 쉬웠고, 배를 통해 전국의 세금을 걷기도 수월한 곳이었거든. 고려는 이곳에서 약 40년 가까이 거대한 몽골과 싸우면서도 끝내 항복하거나 점령당하지 않았어.

□ 저고여　□ 처인성　□ 김윤후　□ 몽골침입 문화재 소실

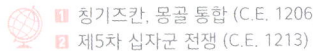
칭기즈칸, 몽골 통합 (C.E. 1206)
제5차 십자군 전쟁 (C.E. 1213)

13세기 고려에 쳐들어왔던 몽골은 그 당시 세계에 어떤 힘을 미치고 있었을까?

기억 UP! 고쌤의 상상스토리

그늘(12)이 드리워진 고려 땅.. 어디서 그늘이 생겼는지 위를 올려보니 커~다란 몽골의 **도끼(31)**가 있네? 도끼는 몽골 무기 중에 하나야. 재주 많은 몽키처럼 말을 잘 타고, 해골처럼 무시무시했던 몽골에 의해 우리 고려의 미래는 그늘(12)처럼 점점 어두워지고 있어. 고려사람들은 어떻게 이 난관을 헤쳐 갈까?

1231
그늘도끼

너만의 이미지를 그려봐!

1 -
2 -
3 -
1 -

1236년 고려, 팔만대장경을 만들다

누가 고려 승려
어디서 강화도

거대한 힘 앞에서 사람은 때로 전략보다 신과 같은 초인적인 존재에 의지하게 되나 봐. 13세기 몽골은 전 세계를 지배할 뻔한 어마어마한 군사 강국이었어. 그런 나라의 침입을 받았으니 마땅한 대책이 없던 고려 사람들은 부처님의 힘을 빌려 몽골군을 물리치고자 했지.

고려는 거란의 침입 때 <초조대장경>이라는 기도문을 만들었는데, 이 <초조대장경>이 1232년 몽골의 침입 때 불타 없어지면서 새로운 대장경이 필요해졌어. 그래서 새로운 수도인 강화도에서 1236년 새로운 대장경을 만들기 시작했단다.

다시 만든 대장경을 <재조대장경>이라고 해. <팔만대장경>이라는 이름으로 더 널리 알려졌지. 여기에는 우리나라와 중국뿐 아니라 거란, 여진, 일본의 불교 경전 내용까지 담겨있으며, 현재 남아있는 대장경판 중에 가장 오래되었기에 그 가치를 인정받아 대장경과 대장경을 보관하는 장경판전 모두 유네스코 세계 문화유산으로 지정되었어.

'팔만대장경'을 보관하는 '장경판전' 내부 모습이야. 고려 불교 문화의 정수를 보여주는 팔만대장경은 합천 해인사에 있어.

□ 해인사 □ 초조와 재조 □ 대장경 □ 해인사폭격

1 옥스포드대, 왕실 훈장 수여 (C.E. 1231)
2 이슬람 맘루크 왕조 성립 (C.E. 1250)

800년이 다 돼가는 오랜 시간 동안 팔만대장경이 썩지 않고 잘 보존되고 있는 비결이 뭘까?

기억 UP! 고쌤의 상상스토리

몽골의 힘을 막아내고 싶었던 사람들은 **고난(12)**을 **대비(36)**하고 싶은 마음으로 팔만대장경을 열심히 만들었어. 어두운 **그늘(12)**, **등불(36)**에 의존해 늦은 밤에도 열심히 팔만대장경을 만들던 사람들을 떠올려봐. 고려에 다시 평화가 찾아오길 바라는 마음이 그들을 팔만대장경을 완성하게 한 원동력이었을 거야.

**1 2 3 6
그늘등불
고난대비**

너만의 이미지를 그려봐!

1 -
2 -
3 -
6 -

1270년 삼별초, 몽골에 저항하다

누가
배중손

어디서
강화도, 진도, 탐라 (현재 제주도)

고려는 몽골의 공격을 잘 막아냈어. 하지만 강화도에만 틀어박혀 있는 조정과 달리 육지의 백성은 몽골의 오랜 괴롭힘에 너무 지쳐있었고, 지배층 사이에서도 최씨 정권에 대한 불만이 쌓여가고 있었지.

결국 최씨 정권을 마지막으로 무신정권은 무너졌어. 고려의 왕 원종은 몽골에 항복했고, 전쟁을 끝내는 조건으로 수도를 원래 위치였던 개경에 옮기기로 해. 그렇게 고려 조정은 몽골과의 전쟁을 공식적으로 끝내려 했단다.

하지만 최씨 정권의 사적인 병사로 따로 모아둔 '삼별초'라는 군대는 몽골에 항복하고 개경으로 돌아가길 원하지 않았어. 그래서 삼별초는 배중손을 중심으로 진도, 제주도로 옮겨 가며 몽골에 끝까지 저항했지. 그렇지만 1273년, 그들은 고려·몽골 연합군과의 전투에서 패배했고, 삼별초의 항쟁도 그렇게 끝이 났어.

몽골을 막고자 끝까지 전투를 벌였던 삼별초를 기념하는 '삼별초 항쟁비'. 강화도에 있어.

 검색 톡톡　□ 삼별초 구성과 규모　□ 사병(私兵)　□ 삼별초와 오키나와　 ① 몽골 내전 발발 (C.E. 1260)　② 아퀴나스, 신학 대전 저 (C.E. 1265)

 생각 통통　삼별초는 굴하지 않는 정신으로 몽골에 끝까지 항복하지 않았어. 네게도 무엇을 위해 끝까지 포기하지 않았던 경험이 있니?

기억 UP! 고쌤의 상상스토리

처음에 삼별초는 최씨 정권을 호위하는 군사들이었어. 하지만 계속된 몽골과의 전쟁 중에 지키려는 대상이 최씨 정권에서 고려라는 나라로 바뀌었지. 상대는 무섭기로 소문난 몽골! 삼별초는 끝까지 싸우는 그 순간에도 '계속 싸울 수 있을까?'라며 고뇌하지 않았을까? 그러나 **고뇌**(12) 후 **실천**(70)에 옮긴 삼별초, 너무 멋있어!

1270 고뇌실천

1 -
2 -
7 -
0 -

너만의 이미지를 그려봐!

1271년 원나라, 간섭을 시작하다

누가 충렬왕, 쿠빌라이 칸(원 세조)

어디서 고려

삼별초의 항쟁까지 진압한 몽골은 본격적으로 고려에 대한 간섭을 강화하기 시작했어. 더군다나 1271년 몽골이 중국을 완전히 장악하고 원나라를 세우면서 괴롭힘은 더욱 심해졌지.

원나라(몽골)는 고려에 '정동행성'이라는 기구를 설치해 금, 은, 인삼, 매 등을 바치도록 했고, 심지어 고려의 여자들을 공녀로 끌고 가기도 했어. 또한 바다 건너 일본까지 점령하기 위해 제주도에는 말을, 남해안 쪽에는 배를 준비하도록 명령했는데, 지금 제주도의 말이 유명해진 것도 이때 일본 공격을 준비하며 제주도에서 몽골의 말들을 많이 키웠기 때문이래.

이렇게 결성된 고려와 몽골 연합군은 1274년 1차로, 1281년 2차로 일본을 공격했지만 두 번 모두 다 때마침 불어온 태풍으로 큰 피해만 보고 성과 없이 물러나는 일도 있었어. 몽골은 이렇게 다양한 방법으로 80여 년간 고려를 간섭했단다.

검색 톡톡
☐ 몽골과 몽고 ☐ 충으로 시작하는 왕 ☐ 다루가치 ☐ 부마국

 1 제9차 십자군 전쟁 (C.E. 1271)
2 마르코 폴로, 원나라 도착 (C.E. 1275)

생각 통통 원나라 간섭 시기에 우리나라에는 몽골풍이, 몽골에는 고려양이 유행했어. 각각 어떤 것들이 있었는지 찾아볼까?

기억 UP! 고쌤의 상상스토리

고려에 본격적인 간섭을 시작한 몽골. 몽골의 모습은 왔다 갔다~ 흔들거리는 그네(12)를 자유롭게 타면서 손끝(71)만으로도 고려를 조종하는 이미지로 그려봤어. 손끝에 연결된 인형처럼 고려인은 공물과 공녀를 바치고 원치 않은 전쟁에 나가야만 했지. 눈을 감고 움직이는 그네와 몽골의 손끝을 떠올려봐. **그네손끝(1271)**! 잘 기억날 거야.

1271 그네손끝

그네손끝

1 -
2 -
7 -
1 -

너만의 이미지를 그려봐!

1352년 공민왕, 개혁을 시도하다

누가 공민왕
어디서 쌍성총관부

절대 망하지 않을 것 같았던 원나라도 14세기 들어 점차 힘을 잃고, 그에 따라 고려에 대한 간섭 역시 점점 약해졌어. 고려의 공민왕은 이때를 놓치지 않고 여러 개혁을 시도했지.

당시 고려에서 권력을 잡고 있었던 세력은 원의 힘을 뒤에 업은 '권문세족'이었는데, 그들은 넓은 땅을 차지하고 일반 백성을 하인처럼 부리면서 못살게 굴었어. 심지어 고려를 원의 행정구역으로 편입하자는 주장도 펼쳤지. 공민왕은 이런 권문세족을 누르기 위해 성리학을 공부하는 '신진사대부'를 새로운 세력으로 등용했단다. (이들 중 일부는 후에 조선을 건국하는 주역이 되기도 해) 또 '전민변정도감'을 설치해서 권문세족들이 불법으로 차지한 땅을 원래 주인에게 돌려주고, 억울하게 노비가 된 사람들을 해방해주었어. 고려 땅에서 유행하던 몽골의 풍습 역시 모두 금지했으며, 원나라 지배 아래 있던 쌍성총관부 지역을 되찾으려 공격하기도 했는데 당시 쌍성총관부의 부장이었던 이자춘이 싸움 없이 스스로 항복하여 사태를 평화롭게 마무리할 수 있었어.

이런 공민왕의 개혁에 권문세족들은 당연히 거세게 반발했어. 거기다가 중국의 도적 떼 홍건적과 일본의 도적 떼 왜구가 고려에 빈번히 쳐들어왔고, 공민왕이 시해당하는 등 여러 가지 이유로 인해 모든 개혁은 실패하고 말았단다.

 ☐ 신돈 ☐ 기철 ☐ 기황후 ☐ 공민왕의 요동정벌

① 오스만 제국 건국 (C.E. 1299)
② 유럽에 흑사병 창궐 (C.E. 1347~1351)

 공민왕의 개혁은 끝내 실패했어. 하지만 실패한 개혁은 모두 의미가 없다고 말할 수 있을까?

기억 UP! 고쌤의 상상스토리

몽골에 볼모로 잡혀가 많은 고초를 겪은 뒤 왕이 된 공민왕. 그에게 있어 원나라는 고려의 앞길을 막은 원수 같은 존재였을 거야. 하지만 더 얄미운 존재가 있었으니, 바로 친원파 세력들이야. 이 친원파를 한 열로 세운 다음 볼링공 같은 공민왕이 거침없는 공격으로 **쿵!! 도미노(1352)**들이 쭈르륵 쓰러지고 있지? 도미노의 몸에 새겨진 이름들을 잘 봐. 친원파와 관련 있는 단어들이거든.

1352
쿵도미노

1363년
문익점, 목화씨를 가져오다

누가 문익점
어디서 원에서 고려로

오늘날에는 겨울에 두툼한 패딩을 입지? 고려 시대 사람들은 한겨울에 무슨 옷을 입었을 것 같아? 안타깝게도 여름에 입는 삼베나 모시를 겹겹이 입는 수밖에 없었어.

원나라에 머물고 있던 문익점은 귀국길에 목화씨 10개를 가져왔어. 전에는 그 누구도 목화씨를 한반도에서 재배하려고 노력하지 않았지만 문익점은 목화를 심고, 열심히 가꿨고, 3년 후 마을 사람들에게 나눠줄 만큼 많은 양의 목화씨를 재배할 수 있었지.

이런 목화씨를 실로 만들기 위해서는 실을 뽑아내는 '씨아'와 실을 짜내는 '물레'라는 기계가 필요했어. 그래서 문익점은 목화를 재배하는 것과 동시에 기계의 제작과 보급에도 힘썼단다. 이러한 문익점의 노력 덕분에 목화는 대중들에게 빠르게 보급될 수 있었어.

목화는 백성들에게 기존에 사용하던 삼베나 모시보다 더욱 두툼하고 따뜻한 솜을 만들어 주었어. 게다가 한번 심고 나면 많은 양을 재배할 수 있었으니 노동량보다 생산량이 많아 백성들의 삶에 큰 도움이 되었지.

 ☐ 면포(綿布) ☐ 정천익 ☐ 문래와 물레 ☐ 솜

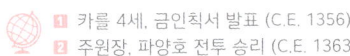
1. 카를 4세, 금인칙서 발표 (C.E. 1356)
2. 주원장, 파양호 전투 승리 (C.E. 1363)

 문익점은 정말 붓두껍에 목화씨를 숨겨왔을까? 이런 이야기는 왜 만들어진걸까?

기억 UP! 고쌤의 상상스토리

1363 간다배달

주근깨 점이 콕콕콕 박힌 문익점이 행복한 표정으로 배달을 하러 가고 있어! 왜 하필 '문'으로 캐릭터를 만들었느냐고? 문은 이곳과 저곳을 연결해주는 통로 역할을 하는데 문익점도 목화와 고려사람들을 연결해준 '문'역할을 했거든. 목화를 재배해서 따뜻하게 겨울을 나는 고려인들을 상상하며 문익점이 외친다! "기다려라! 이 문익점이 **간다배달(1363)**~!"

너만의 이미지를 그려봐!

1 -
3 -
6 -
3 -

1377년
최무선, 화약으로 나라를 구하다

누가
최무선

어디서
진포 (현재 전북 군산)

    고려 후기는 왜구들이 많이 쳐들어오던 시기였어. 왜구들이 쳐들어와 노략질해가는 모습을 보며 자랐던 최무선은 왜구를 물리칠 좋은 방법으로 원나라에서 사용하는 화약을 떠올렸어. 하지만 원나라는 화약 제조 방법을 비밀로 하였고, 당연히 재료를 나눠주지도 않았지.

    그러던 중, 최무선은 원나라에서 화약 재료를 관리하는 '이원'이라는 사람을 만나게 되고, 그로부터 재료를 얻어 화약 만들기에 성공했어! 이후 최무선은 조정에 화약 무기를 제조하는 관청을 만들어 달라 요청했고, 그렇게 만들어진 '화통도감'에서 화약 무기를 개발해 왜구를 효과적으로 물리칠 수 있었어. 최무선은 1380년 진포대첩에 참전해 직접 왜구를 물리치기도 했단다.

 ☐ 홍건적 침입 ☐ 홍산대첩 ☐ 황산대첩 ☐ 신흥무인세력   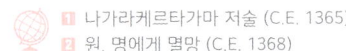 1 나가라케르타가마 저술 (C.E. 1365)
2 원, 명에게 멸망 (C.E. 1368)

 원나라가 화약 제조 방법을 비밀로 했던 이유는 무엇일까?

기억 UP! 고쌤의 상상스토리

'화통도감'을 설치해 달라고 '상소'를 올리고 있는 최무선과 고개를 끄덕이며 우와~하는 '우왕'을 떠올렸어. **끄덕상소(1377)**라는 단어는 기억법에서 볼 때 이미지로 표현하기 쉬운 단어가 아니야. 그래서 직관적으로 떠오를 수 있게 **기둥(13)**과 **시소(77)**를 넣었어. 상소가 끝난 후 시소에서 내린 최무선 때문에 중심을 잃은 우왕이 기둥에 부딪히는 장면을 떠올려주는 센스~

1377 끄덕상소
기둥시소

1 -
3 -
7 -
7 -

너만의 이미지를 그려봐!

1388년 이성계, 위화도에서 회군하다

누가 이성계, 최영

어디서 위화도 (현재 압록강)

14세기 중반 중국에서는 원나라가 만리장성 북쪽으로 쫓겨나고, 한족의 명나라가 중국 땅을 차지하고 있었어. 명나라는 쫓겨난 원나라가 고려와 연합해 자신을 공격할까 두려웠지. 그래서 고려에 공민왕 때 되찾은 한반도 북쪽의 땅을 내놓으라며 위협했어. 이에 화가 난 고려는 최영 장군의 제안을 듣고 이성계를 대장으로 삼아 요동을 공격하기로 했단다.

하지만 이성계는 현실적으로 명나라를 공격하는 것은 불가능하다고 생각했어. 그 근거로 제시한 것이 4불가론이야.

첫째, 작은 나라가 큰 나라를 공격한다는 점, 둘째, 여름철에 군사를 동원하면 한 해 농사에 큰 지장을 줄 수 있다는 점, 셋째, 남쪽에서 왜구들이 공격해 올 수 있다는 점, 넷째, 장마철은 활을 사용하기에 불편한 시기이며 전염병의 위험이 크다는 점. 그럼에도 왕명은 내려왔고, 이성계는 결국 전쟁에 나가게 되었어. 하지만 요동을 공격하기 직전, 국경인 압록강 위화도에서 이성계는 중국과 승산 없는 싸움을 하느니 군사를 돌려 자신이 꿈꾸던 새로운 세상을 만들기로 하지. 군대는 곧장 개경으로 진격해 최영을 물리치고 정권을 잡았어.

이성계가 개경의 정권을 장악할 수 있었던 것은 신흥 무인 세력의 대표주자 이성계의 군사력이 강력했던 것도 있지만 정도전과 같은 현명한 신진사대부와 연합한 덕분이기도 해. 강한 힘과 명석한 두뇌의 완벽한 합작이었지.

 □ 북원 □ 우왕 □ 신진사대부와 신흥무인세력 □ 정도전

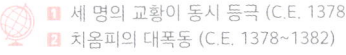
1. 세 명의 교황이 동시 등극 (C.E. 1378)
2. 치옴피의 대폭동 (C.E. 1378~1382)

 이성계의 4불가론보다 더 설득력 있는 의견을 우리가 만들어보는 건 어때?

기억 UP! 고쌤의 상상스토리

장군이 왕의 명을 어기는 것은 가장 큰 반역죄인이 되는 일이야. 그러니 명나라를 공격하라는 우왕의 명령을 어기고 군대를 돌린 이성계에게는 큰 결단이 필요했지. '우왕과의 싸움. 피할 수 없으면 맞서 싸우리라! **간다우왕(1388)!!**' 그림 속에 벌벌 떨고 있는 우왕에게 달려가고 있는 이성계 장군이 보이니? 잠깐, 퀴즈! 이성계의 캐릭터는 바다에 사는 무슨 동물을 표현한 것일까? 후훗.

1388
간다우왕

너만의 이미지를 그려봐!

1 -
3 -
8 -
8 -

'고려시대를 마무리지으며'
남자와 여자 그들의 이야기

저는 어렸을 적 영어를 공부할 때 경찰을 'policeman', 승무원을 'stewardess'라고 외우고 익혀왔어요. 직업명을 들으면 자연스럽게 떠오르는 남과 여, 성별이 녹아들어 있는 단어로 공부를 했던 거죠. 하지만 요즘의 저는 경찰을 'police officer' 승무원을 'flight attendant'라고 표현합니다. 직업명 속에 자연스럽게 담겨있던 성별 표현이 사라지도록요. 요즘은 남자답고, 여자다워야 한다는 사회상의 모습과 색깔이 점점 옅어지고 있어요. 과연 남녀차별이라는 개념은 언제부터 생겨난 것일까요? 몇백 년 전 역사 속의 남자와 여자의 사회적 지위와 생활 모습은 어땠을까요? 신기하게도 시대마다 독특한 특징이 있었답니다. 우리 함께 고려시대와 조선시대의 여성과 남성의 사회상을 살펴볼까요?

여러분들은 남자에게 '장가간다'라는 표현을 쓰는 것을 들어본 적 있나요? 장가간다는 말은 장인어른, 장모님 즉 여자의 부모님 댁에 간다는 의미가 있어요. 고려시대에는 신부가 신랑을 자기 집으로 데려왔거든요. 고려시대의 신랑은 신부의 집에서 생활하며 입고 쓰는 모든 것을 제공 받았어요. 대신 신랑은 신부 집안의 든든한 일꾼이 되었죠. 이렇게 딸을 둔 집안은 든든한 일꾼으로 사위를 얻게 되니 고려시대 여자들의 지위와 대우가 자연스레 높아질 수밖에 없었어요.

고려시대의 여성들은 지위뿐만 아니라, 강력한 경제권도 가지고 있었어요. 재산에서도 남자와 큰 차별점을 갖지 않고 개인의 재산을 소유할 수 있었으며, 부모님이 돌아가실 때 남겨주신 유산도 남녀 할 것 없이 모든 형제자매가 동일하게 나눠 가졌거든요. 집안의 족보를 기록할 때도 아들만 기록하지 않고 태어난 순서대로 모든 자식의 이름을 올렸으며, 돌아가신 부모님께 제사를 지내는 일도 모든 자녀가 돌아가며 주관했어요. 도대체 이게 뭐가 특별한지 잘 모르겠다고요? 그렇다면 조선시대의 이야기를 살펴볼까요? 조선시대에는 확연히 다른 사회상이 있었거든요.

    고려와 달리 국가의 이념으로 유교 문화를 받아들인 조선시대에는 결혼하는 여성이 신랑의 집으로 '시집가는' 형태가 되었어요. 시집간다는 말은 시댁 어르신 즉, 시부모님댁에 신부가 옮겨간다는 의미를 가지고 있지요. 하지만 고려시대로부터 갑자기 변한 이런 사회상이 백성들에게 바로 받아들여지기 어려웠어요. 그래서 세종대왕은 유교 사상에 대한 모범을 몸소 보이기 위해 조선에서 첫 번째로 자신의 여동생을 시댁으로 시집 보내는 사례를 만들기도 하셨답니다.

    '한번 시집가면, 그 집의 귀신이 되어야 한다.' 라는 옛말과 같이 조선시대의 여성들은 신랑 집의 재산 목록이 된 것처럼 살았어요. 이혼하는 일은 상상도 할 수 없었고, 남편이 죽은 뒤에도 시댁에서 생활하며 재혼을 하거나, 다른 남자를 만날 수 없는 법에 갇혀 살아야 했어요. 고려시대에는 한 명의 신랑이 한명의 신부를 맞이하는 일부일처제를 따랐지만, 조선시대에는 한 명의 신랑이 한 명의 처 외에 여러 명의 첩을 둘 수도 있었어요. 게다가 첩의 자녀(서얼)들은 아버지를 아버지라고 부르지 못하거나, 재산 상속에서도 뒤로 밀려나고는 했었죠.

    이렇게 남자와 여자의 사회적 위치와 대우는 시대가 담고 있는 생각과 방향에 따라 달라져 왔어요. 여러분들이 생각할 때 우리가 살아가는 현대사회는 어떤 사회상을 가지고 있는 것 같나요? 여자와 남자뿐만 아니라 부자와 가난한 자, 아동과 장애인 등 우리 사회를 구성하고 있는 많은 이들의 위치와 대우는 앞으로 우리가 생각하고, 선택하는 방향을 따라 더 건강하고 좋은 방향으로 변해갈 수 있어요. 여러분들은 어떤 사회를 만들어 가고 싶나요? 오늘 이 질문을 만나게 된 김에 곰곰이 한번 생각해보는 것도 좋겠어요!

C.E. 1392~1862 조선시대

1392
조선 건국

1398
왕자의 난

1418
세종 즉위

1443
훈민정음 창제

1519
기묘사화

1545
을사사화

1575
붕당정치 시작

1592
임진왜란

1627
정묘호란

1636
병자호란

1659
예송논쟁

1680
경신환국

1750
균역법 실행

1776
정조 즉위

1794
화성 건립

1800
세도정치 시작

조선, 세밀하고 아름다운 기록으로 남겨지다.

500년 역사의 고려시대를 매듭짓고, 신진사대부와 신흥 무인 세력의 연합에 의해 세워진 새로운 나라 조선! 가장 많은 기록이 남아있는 시대이기도 하고, 우리의 글자, 우리의 시간, 우리의 기술이 많이 발전한 시대인 만큼 우리 책에서도 중요 포인트를 많이 다뤄보려 해. '조선시대'의 내용이 너무 많다고 느껴진다면, 1592년 왜가 쳐들어온 임진왜란을 기준으로 조선의 전기와 후기를 나눠보는 것도 좋아.

1453 계유정난

1484 경국대전 완성

1498 무오사화

1504 갑자사화

1608 대동법 실시

1610 동의보감 완성

1618 광해군 중립외교

1623 인조반정

1689 기사환국

1694 갑술환국

1696 안용복 독도수호

1724 탕평책 실시

1811 홍경래의 난

1861 대동여지도 완성

1862 임술 농민 봉기

시대별 연도 기간은 책 내용 기준임.

1392년
조선, 시작되다

누가 이성계(태조), 정도전

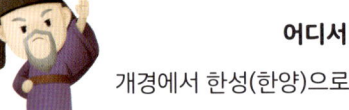

어디서 개경에서 한성(한양)으로

위화도 회군 이후 정권을 잡은 이성계와 정도전은 고려의 낡은 제도들을 급격하게 엎고자 했어. 물론 이런 급격한 변화를 좋아하지 않는 사람도 있었어. 정몽주 같은 온건 개혁파는 빠른 변화보다 세밀하고 단계적인 변화를 통해 개혁을 이뤄야 한다고 주장했거든.

서로 간의 이견 조율은 쉽게 이루어지지 않았고, 주도권을 잡은 정도전과 급진 개혁파는 아예 새로운 나라를 건설하기로 해. 이 때문에 많은 수의 소중한 인재들이 등을 돌리게 되었단다.

낡은 제도를 개혁한 급진 개혁파는 1392년, '조선'을 건국했고, 새 나라에 걸맞은 새로운 수도를 찾기 시작했지. 그들은 풍수지리적으로 땅이 좋은 한양과 계룡산 중 고민하다가 교통이 편리하고 방어에도 유리한 한양(한성)에 새로운 도읍을 세웠어. 그곳이 바로 오늘날의 서울이란다.

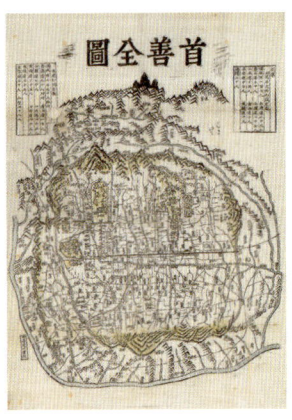

조선 후기, 한양의 모습을 그린 '수선전도'야.

 ☐ 하여가와 단심가 ☐ 선죽교 ☐ 한성과 한양 ☐ 민본국가

 크레보 합병 계약 (C.E. 1385)
이베리아 반도의 반 유대인 운동 (C.E. 1391)

 당시 정도전과 달리 정몽주는 끝까지 이성계의 편에 서지 않았어. 그 이유가 무엇일까?

> **기억 UP!** 고쌤의 상상스토리

어떤 사건이든 보는 사람에 따라 관점이 다를 수 있어. 1392년이 고려 공양왕에게는 좌절과 패배감 그리고 죽음의 해였지만, 반대로 이성계에게는 자신의 꿈이 이뤄질 조선을 세운 감동의 해였지. 그래서 난 정도전, 이방원과 함께 **감동(13)**의 눈물을 흘리고 있는 이성계와 **좋냐(92)**며 속이 텅 빈 공을 안고 엉엉 울고 있는 공양왕이 떠올랐어.

1392
감동좋냐

너만의 이미지를 그려봐!

1 -
3 -
9 -
2 -

1398년 이방원, 왕자의 난을 일으키다

누가: 이방원(태종)
어디서: 경복궁

이방원은 조선을 건국하는 데 큰 역할을 한 이성계의 다섯 번째 아들이야. 그런데 조선 건국 후 태조 이성계가 정도전이나 둘째 부인 사이에서 낳은 아들들만 예뻐하니 이방원을 비롯한 첫째 부인의 아들들은 정치적으로 점차 소외되고 있었어.

이때 정도전은 신하의 권력이 강한 세상을 만들고 싶어 했어. 왜냐면 당시는 투표를 통해 검증된 사람이 나라를 이끄는 것이 아닌 혈통에 의해 결정된 왕이 국가를 이끌었거든. 정도전은 조선을 천년만년 가는 나라로 만들고 싶은데 타고난 성격이 불같거나 영리하지 못한 사람이 왕이 되면 폭군이 되어 일을 그르칠 수 있으니 강한 왕권을 견제할 수 있게 신하의 권력이 강해지는 세상을 주장한 거야. 그런 의미에서 정도전은 강한 왕권을 주장하는 이방원을 경계하며, 그의 이복동생인 이방석을 세자로 정하였고, 신하들이 개인적으로 병사를 소유할 수 있는 사병제도도 없애버렸단다. 이에 위기를 느낀 이방원은 반란을 일으켜 정도전과 이복동생 방석을 죽여 버렸어.

그가 일으킨 왕자의 난으로 이성계는 노발대발 화를 내면서 왕위를 버리고 함흥으로 돌아갔고, 둘째 형인 이방과가 조선의 제2대 임금인 정종으로 즉위했어. 그렇지만 실권은 이방원이 쥐고 있었고, 정종은 약 2년 만인 1400년에 왕위를 동생에게 넘겨주었지. 이방원이 조선의 제3대 임금 태종이 된 거야.

 □ 1차, 2차 왕자의 난 □ 정도전의 정치론 □ 광통교

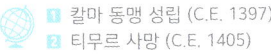 ① 칼마 동맹 성립 (C.E. 1397)
② 티무르 사망 (C.E. 1405)

 왕자의 난 직후, 이방원은 왜 직접 왕위에 오르지 않았을까?

기억 UP! 고쌤의 상상스토리

단단한 이같은 이방원이 보이니? 그 밑에 이방원에게 죽임당한 방석 모양의 이방석과, 번데기 모양의 이방번도 보이지? 그 뒤에는 오른손을 번쩍 든, 도전! 하는 자세를 취한 채 죽은 정도전도 있네. 이들은 모두 이방원이 일으킨 왕자의 난에서 희생된 사람들이란다. 강력한 방귀 같던 이방원의 한방에 대해 사관은 생각하고 있어. '하.. **그땐지옥(1398)** 같았지.'

1398
그땐지옥

그땐 지옥 같았지...

너만의 이미지를 그려봐!

1 -
3 -
9 -
8 -

1418년
충녕대군, 세종이 되다

누가 세종

어디서 4군 6진과 쓰시마섬

보통 왕실에서는 첫째 아들을 세자로 두는 것이 일반적인 규칙이야. 그럼 태종 이방원의 첫째 아들 양녕대군, 둘째 아들 효령대군, 셋째 아들 충녕대군 중에 누가 다음 왕이 되어야 할까? 당연히 첫째 아들 양녕대군이 다음 왕위에 올라야겠지?

하지만 양녕대군은 궁궐 생활에 적응하지 못했어. 공부를 싫어하고, 시를 쓰거나 놀러 나가는 걸 좋아했거든. 그러면 둘째 아들 효령대군은 어땠을까? 효령대군은 불교에 심취해 있었어. 아무래도 성리학을 근본으로 하는 조선에서 왕위에 오르기에 적당하지 않았지.

그래서 셋째 아들인 충녕대군이 왕위에 오르게 된 거야. 그가 바로 사상 최고의 성군으로 불리는 세종대왕이야. 세종대왕은 즉위하자마자 왜구들을 토벌하기 위해 이종무 장군을 파견해서 쓰시마 섬을 정벌했어. 그리고 북쪽으로는 토착 여진족을 밀어내고 4군과 6진을 개척해 지금 우리가 알고 있는 한반도 영토를 완성했단다.

세종대왕 시절 만들어진 당대 동북아시아에서 가장 강력했던 무기, '신기전'이야.

 ☐ 상왕 태종 ☐ 숭유억불 ☐ 화폐 속 인물

  오스만 제국, 앙카라 전투 대패 (C.E. 1402)
아쟁쿠르 전투 (C.E. 1415)

 강력한 왕권을 가졌던 태종의 아들 세종대왕. 그가 많은 업적을 남길 수 있었던 이유는 무엇일까?

기억 UP! 고쌤의 상상스토리

혼비백산 나 살려라 도망치는 여진족들이 보이니? 목표물을 향해 거침없이 내달리며 컬링을 조종하는 세종! 뒤에 있는 신하들은 '우와~ 우리 전하 너무 멋져!!' 하며 응원하고 있어. 거인은 몸이 거대한 사람을 뜻하기도 하지만, 어떤 분야에서 뛰어난 업적을 쌓은 사람을 가리키기도 해. 그런 점에서 세종은 우리의 위대한 '거인'이야! **컬링거인(1418)**!

1418
컬링거인

1 -
4 -
1 -
8 -

너만의 이미지를 그려봐!

1443년
세종, 훈민정음을 만들다

*궁궐 안 장소
경회루
집현전 (수정전)
근정전
광화문

누가 세종 **어디서** 경복궁 집현전 (수정전)

한글 없는 세상을 상상해본 적 있니? 한글이 없다면 우리는 어떻게 책을 읽을까? 1443년 세종대왕이 훈민정음을 창제하고 1446년 이를 세상에 반포하기 전까지, 대부분의 글은 한자로 작성되었지만 일반 백성 중 한자를 읽을 수 있는 사람들은 몇 없었어.

그래서 세종대왕은 일반 백성도 쉽게 읽을 수 있는 문자인 <훈민정음>을 만들었단다. 세종대왕은 최초의 훈민정음 창작물로 <용비어천가>를 지어 조선을 건국한 이유에 대해 노래했고, <삼강행실도>를 만들어 백성들도 유교의 내용을 쉽게 이해할 수 있도록 했어.

세종대왕은 언제나 나라의 근본을 백성으로 생각했어. 새로운 세금 제도를 시행하기에 앞서 노비, 여자, 어린이를 제외한 17만 명을 대상으로 역사상 최초의 투표라는 것을 했고, 신분과 분야를 가리지 않고 장영실과 같은 똑똑한 사람들을 등용하여 측우기, 해시계, 물시계 등을 만들기도 했지. 농사를 짓는 백성들을 위해 편히 시간을 알고 효율적으로 활용하게 하기 위해서였어. 그 외에도 '칠정산'이라고 하는 조선만의 독자적인 달력을 만들기도 했는데, 그 당시 자기 나라의 달력으로 일식을 정확히 예측할 수 있던 나라는 아라비아 지역, 중국, 조선 단 세 곳뿐이었다고! 이 시기 조선과 세종대왕이 얼마나 대단했는지 알 수 있겠지?

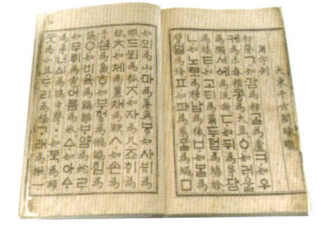

우리글의 원리와 용법을 정확하게 설명한 「훈민정음 해례본」이야.

 ☐ 농사직설 ☐ 조선 초기 과학기술 ☐ 중세 한국어 ☐ 세종 질병

① 잔 다르크의 활약 (C.E. 1429)
② 캠브릿지 퀸스 칼리지 건립 (C.E. 1443)

 역사상 많은 성군이 있었고, 세종대왕은 그중에서도 으뜸으로 꼽을 수 있지! 우리 역사 속 성군을 찾아보고 그들의 특별한 지도력을 찾아 적어보자.

> **기억 UP!** 고쌤의 상상스토리

만원 지폐 속 세종대왕님을 봐. 훈민정음 창제 당시 생각을 하고 계신 모양이야. 세종대왕 덕분에 우리는 쉽게 우리 생각과 말을 한글로 표현하고, 읽을 수 있게 되었어. 우리 세종대왕님과 대화한다 상상하며 말해볼까? "세종대왕님, 더 많이 자랑스러워하셔도 돼요!" 세종대왕님 덕분에 우리의 생각과 말을 한글로 **기록하다**(1443).

1443
기록하다

너만의 이미지를 그려봐!

1 -
4 -
4 -
3 -

1453년 수양대군, 정변을 일으키다

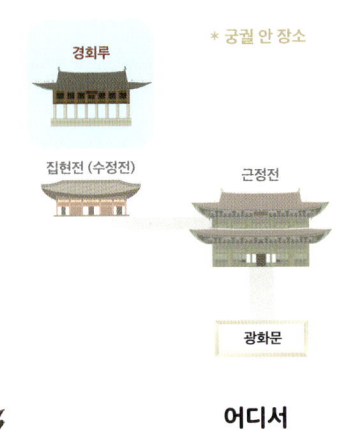

누가 수양대군(세조)

어디서 경복궁 경회루

세종의 아들 문종은 똑똑한 사람이었지만, 몸이 약해서 어린 아들을 남겨두고 먼저 세상을 떠났어.

문종은 어린 나이에 즉위하게 된 아들 단종을 김종서 등 여러 충신에게 부탁했어. 문종의 유언을 떠받든 신하들의 힘은 자연스레 강해졌고, 세종의 둘째 아들 수양대군은 여기에 불만을 품고 있었지. 마치 태종 이방원이 정도전을 미워했던 것처럼, 수양대군도 김종서를 미워한 거야. 결국 기회를 살피던 수양대군은 김종서의 집을 습격해서 그를 없애버렸고, 나아가 조카인 단종을 폐위 시켜 귀양 보낸 뒤, 왕위 자리에 올랐어.

수양대군, 바로 그가 조선의 제7대 임금인 세조야. 일부 신하들은 세조를 반역자라고 생각하고 귀양 간 단종을 다시 왕위에 올리려고 애썼지만 결국 계획이 들통나 끔찍하게 죽임당하기도 했어. 이때 단종을 위해 목숨조차 아끼지 않았던 여섯 명의 충신을 후세 사람들은 사육신이라고 해.

단종이 수양대군에게 어보를 넘겨준 '경회루'의 모습이야.

 ☐ 계유정난 ☐ 한명회 ☐ 김종서 ☐ 사육신공원 ☐ 건주여진 정벌

 성녀 산카르데바 출생 (C.E. 1449)
마추픽추 건립 (C.E. 1400년 대)

 조카인 단종을 폐위시키고 왕위에 오른 세조는 조선을 위해 다양한 업적을 남긴 왕이기도 해. 너는 이런 세조를 어떻게 평가하고 싶니?

기억 UP! 고쌤의 상상스토리

원래 왕이 될 자격이 없었던 세조를 왕으로 만들어 준 신하들이 있었어. 그들을 공신이라고 해. 자, 이제 왕이 된 세조가 공신들에게 보답할 차례야. 세조는 사관에게 공신들의 이름을 '**기록(14)**하거라. **모두(35)**'라고 명하고 있어. 까만 새로 표현된 세조의 옷차림은 영화 '관상'에서 수양대군의 역할을 했던 이정재 배우의 옷에서 영감을 받아 표현해보았어.

1453
기록모두

1 -
4 -
5 -
3 -

너만의 이미지를 그려봐!

1484년
경국대전 완성되다

누가 성종

어디서 창덕궁

조선이 건국될 때 정도전은 <조선경국전>을 만들어 조선 법률의 기초를 세웠고, 이를 바탕으로 조준 등의 학자들이 <경제육전>이라는 조선 최초의 공식 법전을 만들었어. 하지만 100년에 가까운 세월이 지나면서 시대에 맞는 법률을 재정비하고, 통일성 있게 정리할 필요가 생겼단다. 세조 때 <경국대전>의 편찬 작업이 시작되었지만, 법전의 편찬은 쉬운 과정이 아니어서 작업을 끝내지 못했고, 1484년에 들어서야 완성했어.

<경국대전>은 조선 왕조의 기본 법전이야. 사실 조선 시대에는 <경국대전> 이전과 이후에도 많은 법전이 편찬되었지만, 이 법전을 조선 왕조 법전의 근본으로 삼는 이유는 다음과 같아.

첫째, <경국대전>은 이전 법전들의 여러 조항이 일관되지 못하다고 생각해서 그 점을 보완하여 완성했어. 둘째, 이후 법전에서도 <경국대전>을 기본으로 삼고 내용을 추가하는 형식으로 만들어졌지.

이전의 법을 통합하고, 이후 제정된 모든 법전의 기초가 되었다는 점에서 <경국대전>은 큰 의미가 있단다.

편찬 이후 조선시대 모든 법전의 근간이 된 「경국대전」이야.

 검색톡톡 ☐ 고려공사삼일 ☐ 관습법과 성문법

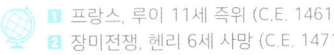
1. 프랑스, 루이 11세 즉위 (C.E. 1461)
2. 장미전쟁, 헨리 6세 사망 (C.E. 1471)

 생각통통 네가 국회의원이 되어 대한민국판 경국대전을 만든다면 무슨 내용을 넣고 싶어? (법을 만들 때 유의할 점! 개인을 위한 법이 아닌 공공의 안녕을 위할 것!)

기억 UP! 고쌤의 상상스토리

경국대전은 나라를 다스리는 큰 법전으로써 여러 요소를 합쳐서 잘 정리한 하나의 요리 같은 책이지. 그래서 그림 속에 요리하는 성종의 모습을 그려봤어. 그릇은 경국대전이고, 6개로 나뉜 요리들은 6개로 분류된 '이전, 호전, 예전, 병전, 형전, 공전'이란다. **그릇요리(1484)**가 백성들을 위한 것이기를 바라는 성종의 마음이 느껴지니?

1484
그릇요리

1 -
4 -
8 -
4 -

너만의 이미지를 그려봐!

1498년 무오년, 사화가 일어나다

누가 연산군

어디서 창덕궁

연산군의 아버지 성종이 돌아가신 후, 조선왕조실록 성종 편을 만들고 있을 때였어. 연산군은 실록에 어떤 내용이 기록되고 있는지 궁금했지만, 아무리 왕이어도 실록의 바탕이 되는 사초를 볼 수는 없었지.

이 당시 실록청에서 근무하던 이극돈이라는 자가 있었어. 그는 자신의 잘못과 관련된 내용을 사초에서 지워달라며 요청을 했는데, 이를 거절당하자 못된 마음으로 사초의 내용을 연산군에게 일러바쳤단다. 사초에는 연산군의 증조할아버지 세조가 어린 조카 단종을 폐위시키고 왕위를 차지했다며 비판하는 조의제문이 적혀있었어.

사초에 관한 내용을 듣고 화가 난 연산군은 이 사건을 빌미 삼아 조의제문을 적은 김종직의 무덤을 파헤쳤고, 그의 제자 김일손 등 많은 사람을 죽였단다. 이들은 고려 말 정몽주의 사상을 이어받은 사림세력에 속한 자들이었는데, 이 사건으로 인해 성종 때부터 관직에 오르기 시작했던 사림세력이 큰 피해를 보고 죽임을 당하거나 관직에서 쫓겨나게 되었지.

1498년, 무오년에 사림들이 화를 당했다고 하여 무오사화라고 해.

무오사화 때 연산군에 의해 파헤쳐진 '김종직의 무덤'이야.

 □ 조의제문 □ 김종직과 김일손 □ 항우 □ 초회왕 □ 초의제

 레콩키스타 종전 (C.E. 711~1492)
바스쿠 다 가마, 케냐 발견 (C.E. 1498)

 왕조차도 실록을 보지 못하게 했던 이유는 무엇일까?

기억 UP! 고쌤의 상상스토리

"무어라!" **고함(14)**치며 **종이(98)**를 찢는 연산군은 무오사화를 일으켰어. 화난 연산군 머리 위 뾰족뾰족한 산에서 연기가 나오고 있어. 옆에 이를 보이며 웃고 있는 돼지는 조의제문 사건을 연산군에게 일러바친 신하, 이극돈이야. 돼지 돈(豚) 자를 생각하며 캐릭터를 만들었지. 무오사화로 죽임당한 김일손이 만든 숫자 1이 보이니? 숫자 1을 상상하면 김일손의 이름이 더 잘 떠오를 거야.

1498
고함종이

너만의 이미지를 그려봐!

1 -
4 -
9 -
8 -

1504년
갑자년, 사화가 일어나다

누가 연산군

어디서 창덕궁

　연산군의 아버지는 성종이고, 어머니는 폐비 윤 씨야. 폐비라는 것은 왕비 자리에서 쫓겨났다(폐위당했다)는 뜻이란다. 부부싸움 중 왕비가 성종의 얼굴에 상처를 냈거든. 왕의 얼굴에 감히 상처를 내다니…! 윤 씨는 1479년 왕비의 자리에서 쫓겨났고, 1482년 사약을 먹고 죽음을 맞았어.

　이런 사실을 모른 채 왕이 된 연산군은 어머니 윤 씨가 돌아가신 이유를 뒤늦게 알고 노발대발하며 이와 관련한 모든 신하를 숙청했단다. 1504년, 갑자년에 일어나 갑자사화라고 부르는 이때는 무오사화에서 숙청되었던 사림세력뿐만 아니라 반대파였던 훈구세력들까지, 조정에 있는 신하 중 멀쩡한 사람이 없을 정도로 많은 사람이 죽어 나갔어. 충격으로 몸과 마음이 무너진 연산군은 나라의 정치는 던져둔 채 넋 나간 사람처럼 놀고먹기에만 바빴고, 이를 더는 두고 볼 수 없었던 훈구세력은 진성대군과 함께 후일 '중종반정'이라 부르는 반란을 일으켜 제11대 임금 중종을 옹립하였어.

 ☐ 인수대비 ☐ 임사홍 ☐ 부관참시 ☐ 사초 ☐ 훈구

1. 오스만 제국, 존치오 해전 승리 (C.E. 1499)
2. 스페인 대기근 (C.E. 1504)

 중종반정이 성공할 수 있었던 가장 결정적인 이유는 무엇이었을까?

기억 UP! 고쌤의 상상스토리

"갚자! 폐비 윤씨가 된 어머니의 한을 갚자!" 더욱더 폭군의 길로 가게 된 연산군은 갑자사화를 일으켰어. 연산군의 가슴에 커다란 구멍이 뚫려 신하들의 상소는 전혀 와 닿지 않나 봐. 오히려 상소를 올리는 신하들을 모질게 고문한 후 추락 시켜 버리고 있네?! 연산군의 마음 속 **구멍추락!**(1504) 구멍으로 추락하고 있는 신하들의 모양 좀 봐. 몸으로 '추락'이라는 단어를 만들며 떨어지고 있는 것 보이니?

1504
구멍추락

1 -
5 -
0 -
4 -

너만의 이미지를 그려봐!

1519년
기묘년, 사화가 일어나다

누가 조광조
어디서 창덕궁

중종반정으로 왕이 된 중종은 연산군과 달리 현실적이면서 새로운 세상을 위한 개혁 정치를 하려고 했어. 당시 사림세력 중 가장 존경받던 조광조를 등용해 많은 조언을 들었지. 중종은 조광조의 조언을 따라 현량과라는 새로운 인재 선발 제도를 실행해 사림세력들을 다시 관직에 앉혔어.

당연히 사림세력의 반대파였던 훈구세력들이 가만히 보고 있지 않았겠지? 1519년, 기묘년에 훈구세력들은 꾀를 내어 궁궐 뒤편 나뭇잎에 꿀로 주초위왕(走肖爲王)이라 써둔 뒤 벌레가 나뭇잎을 갉아 먹게 해두었어. 주(走) 자와 초(肖) 자를 합치면 한자 조(趙)가 되는데, 합쳐 적어보자면 조위왕(趙爲王) 즉, '조씨가 왕이 된다!'라는 문구를 적어둔 거지. 하필 중종 역시도 조광조가 점차 과하고 급진적인 정책을 요구하는 것에 싫증을 느꼈는데, 때맞춰 이런 글귀까지 보게 되었으니 망설임 없이 훈구세력들의 의견을 수용해 기묘사화를 일으켜 조광조 그리고 그와 관련된 많은 사림 세력들까지 함께 죽이거나 쫓아냈단다.

 □ 위훈삭제 □ 조광조의 급진 개혁론

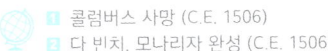
콜럼버스 사망 (C.E. 1506)
다 빈치, 모나리자 완성 (C.E. 1506)

 기묘사화까지, 사림은 벌써 세 번의 사화를 당했어. 여러 번 쫓겨났어도 사림이 끈질기게 살아날 수 있었던 이유는 무엇일까?

기억 UP! 고쌤의 상상스토리

정말 기묘한 일이야. 과연 나뭇잎의 글씨는 누가 파먹었을까? 아마 나뭇잎 주변에 개미가 많으니 그 꿀을 개미들이 갉아먹었을 수도 있겠다는 상상을 해봤어. 잎으로 된 이불을 덮고 죽은 조광조는 한때 총명하고 빛났던 유능한 신하였으나 다른 신하들의 모함으로 억울하게 죽고 말아. 조광조의 억울한 죽음은 **개미(15)**와 **거짓(19)**이 만들어낸 결과라고 생각해. 흑흑

1519
개미거짓

1 -
5 -
1 -
9 -

너만의 이미지를 그려봐!

1545년 을사년, 사화가 일어나다

누가 문정왕후

어디서 창덕궁

중종 말년에 다음 왕위를 놓고 싸움이 벌어졌어. 중종의 첫째 왕비 장경왕후는 인종을 낳고 7일 만에 세상을 떠났고, 인종은 문정왕후 손에 자랐거든. 하지만 이후 문정왕후는 아들을 출산했고, 친아들이 왕이 되기를 바랐어. 그렇게 문정왕후와 동생 윤원형은 인종이 왕이 되기를 바라는 장경왕후의 오빠인 윤임 세력과 경쟁하기 시작한 거야. 하지만 조선 제12대 왕위에 인종이 오르며 싸움은 조용히 일단락된 듯했지.

이게 어쩐 일이야? 인종은 조선 왕 중 가장 짧은 재위 기간인 8개월 만에 돌아가셨고, 문정왕후의 친아들인 명종이 즉위하면서 상황이 급변하기 시작했단다.

권력을 손에 잡은 문정왕후 세력은 기존에 인종 편에서 세력을 잡고 있던 윤임 세력들을 대거 숙청시키기 시작했고, 그 바람에 거기에 포함되어 있던 사림 세력은 큰 피해를 보게 되었어.

이 사건을 1545년, 을사년에 일어난 을사사화라고 해. 훈구세력은 무오사화, 갑자사화, 기묘사화, 을사사화까지 네 차례의 사화로 인해 다시는 사림의 시대가 올 수 없다 생각했어. 과연 사림세력은 역사의 뒤편으로 조용히 사라졌을까? 계속 책을 읽어보자!

☐ 대윤과 소윤 ☐ 정릉과 태릉 ☐ 양재역 벽서사건

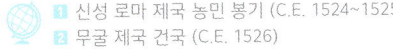
① 신성 로마 제국 농민 봉기 (C.E. 1524~1525)
② 무굴 제국 건국 (C.E. 1526)

자기 자식이 잘되었으면 하는 바람으로 행동했던 왕의 엄마, 문정왕후. 그런데 조선왕조실록에서는 문정왕후를 대단히 나쁘게 평가하고 있어. 너는 어떻게 생각해?

기억 UP! 고쌤의 상상스토리

정난정과 윤원형은 윤임 쪽에서 역모를 꾀한다는 계책을 꾸며 문정왕후에게 고발했어. 이 두 사람, 꼭 말로 사람을 꾀어 원하는 목적을 이루려는 구미호 같지 않니? **구미호말!**(1545)을 듣고 문정왕후가 윤임을 고문하고 있어. 그림 속 기억의 단서 몇 가지 알려줄게. 첫째, 윤임의 몸의 모양에 글씨가 숨어 있어. 둘째, 정난정과 윤원형의 꼬리 개수는 몇 개일까? 단서를 찾아보면 재미도 기억도 두~배!

1545
구미호말

1 -
5 -
4 -
5 -

너만의 이미지를 그려봐!

1575년
서인과 동인, 붕당으로 나뉘지다

누가 심의겸, 김효원

어디서 서인의 정릉방, 동인의 건천동

계속된 타격으로 인해 역사의 뒤안길로 사라진 줄 알았던 사림세력은 지방의 향약이나 서원에서 꾸준히 유학을 계승하며 힘을 키우고 있었어. 그리고 이후 기존 기득권 세력들의 대립과 조선 최초의 방계(아들이나 손자가 아닌 형제나 사촌 등의 친척) 출신 임금인 선조의 즉위 이후 다시 중앙 관직에 활발히 진출하기 시작했지. 사림의 시초이자 조선 건국에 반대했던 길재, 정몽주 등의 정신을 이어받아 유교 이상 정치의 꿈을 실현하기 위해 적극적으로 나서게 된 거야.

그러던 중 사림의 김효원이라는 자가 인사권을 가진 매우 중요한 자리인 이조전랑에 후보로 오르게 되었어. 이때 사림의 심의겸이라는 자가 김효원을 반대하며 둘의 사이는 점점 멀어졌지. 그로부터 몇 년 후 이번에는 같은 자리에 심의겸의 동생이 후보로 올랐는데, 이전 사건으로 앙심을 품고 있던 김효원이 반대표를 던졌어.

이 일을 계기로 결국 사림세력은 심의겸과 김효원을 중심으로 두 개의 파로 나뉘게 돼. 경복궁을 기준으로 동쪽에 살고 있던 김효원과 그의 친구들은 동인으로, 서쪽에 살고 있던 심의겸과 그의 친구들은 서인으로 불리기 시작했어. 유교 이상 정치의 꿈을 실현하겠다던 자들이 이렇게 편이 나뉘며, 상대를 잡아먹지 못해 안달인 조선의 붕당정치의 막이 오른 거지.

☐ 인사권　☐ 정여립 모반사건　☐ 기축옥사

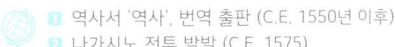

붕당(벗 붕 朋 무리 당 黨)이 나뉘면 좋은 점과 나쁜 점은 각각 무엇일까~?

기억 UP! 고쌤의 상상스토리

SUN(태양) 같은 존재인 왕(선조)을 도와야 할 신하들은 서로 헐뜯기 바빴지. 왕-동인-서인이 삼각형의 선처럼 의견을 주고받으며 백성들을 위한 정치를 해야 하는데, 꼭짓점처럼 남을 콕콕 찌르는 행동만 하고 있자니 참 답답해. 이 그림 속 **가면세모(1575)**을 생각하면 동인과 서인이 헐뜯고 있는 붕당정치가 떠오를 거야. 참! 앞으로 동인/서인/남인 등은 동, 서, 남 위치에 그려둘게!

1575 가면세모

1 -
5 -
7 -
5 -

너만의 이미지를 그려봐!

1592년 임진년, 일본이 쳐들어오다

누가 이순신
어디서 조선 전역

100여 년간 지속하던 일본의 전국시대를 힘으로 통일한 도요토미 히데요시는 더 큰 야망을 이루기 위해 명나라를 공격한다는 명분으로 조선에 길을 열어달라고 했어. 조선이 이를 거부하자, 일본은 기다렸다는 듯 조선을 공격해왔단다. 이 전쟁이 바로 '임진왜란'이야.

왜군은 빠른 속도로 부산에서부터 한성까지 밀고 올라왔고, 서둘러 조선을 제압한 뒤 명을 공격할 계획이었지. 하지만 일본은 세 가지 이유로 계획에 실패했어.

첫째, 일본의 전쟁 방식으로는 왕을 죽이면 바로 전쟁이 끝나는데, 수도를 지켜야 할 왕 선조가 의주로 피난을 가서는 명나라에 도움을 요청했다는 점! 둘째, 일본은 강한 사무라이를 앞세워 북쪽으로 진격하며 바다를 통해 빠르게 보급품을 전달받을 생각이었는데 이순신 장군이 남해를 지키며 보급로를 모두 차단하고 있었다는 점! 셋째, 비록 왕은 피난갔지만 각지의 백성들이 가족과 나라를 지키기 위해 '의병'이라는 이름으로 목숨 걸고 싸웠다는 점!

당황한 일본은 휴전을 제안했으나 그 과정에서 명에게 무리한 요구를 하는 바람에 협상은 결렬되고 1597년, 정유년에 전쟁은 다시 일어났어. (정유재란) 7년간의 길었던 전쟁은 일본에서 도요토미 히데요시가 죽었다는 소식이 전해지고서야 끝이 났지.

 ☐ 도자기 전쟁 ☐ 이순신 보급로 차단 ☐ 임진왜란 이후 각 나라

 철학자 데카르트 출생 (C.E. 1596)
로미오와 줄리엣 초판 출간 (C.E. 1597)

 조선의 전기와 후기를 나누는 기준으로 우리는 '임진왜란'을 꼽아. 임진왜란이 중요한 전쟁으로 손꼽히는 이유는 무엇일까?

기억 UP! 고쌤의 상상스토리

임진왜란이 일어난 1592년! "**이러고 있(1592)**을 때가 아니다!" 이순신 장군이 거북선을 출동시키고 있어. 거북선은 언제나 적진을 향해 돌격해 적군을 혼란에 빠트리지. 거북선 아래 귀신 얼굴을 한 **귀면(15)**이 보이니? 공포심을 더 해주려고 **짝눈(92)**으로 만들어봤어. 일본 군사들이 덜덜 떨며 소곤거린다! '저기 **가면죽네(1592)**, 죽어!'

1592
귀면짝눈
가면죽네

이러고 있을 때가 아니다~! 공격!

너만의 이미지를 그려봐!

1 -
5 -
9 -
2 -

1608년 대동법, 실시되다

누가 광해군　　**어디서** 경기도

　대동법이란 大(큰 대) 同(같다 동) 法(법 법), 쉬운 말로 세금을 쌀로 통일하여 바치는 제도를 뜻해. 이게 무슨 말이냐고? 당시 세금 중 '공납'이라 하여 지역의 특산품을 바쳐야 하는 제도가 있었어. 그런데 중앙 조정에서는 해당 지역에서 나지 않는 특산물이나 구하기 힘든 것들을 납부하도록 요구해 그것을 준비하는데 시간과 돈이 많이 들었다고 해. 그러므로 가난한 자들은 무척이나 부담스러워 하고 있는 상황이었어. 이런 문제를 해결하기 위해 광해군은 대동법, 바로 자신이 가지고 있는 토지만큼 특산물이 아닌 쌀을 바치는 제도를 도입했단다. 하지만 땅을 많이 가진 부자들은 세금을 많이 내게 생겼으니 심하게 반발했어.

　결국, 이 제도는 1608년 경기도에서 먼저 실시되고, 100년 후 19대 임금인 숙종 때가 되어서야 국경 지역인 평안도와 함길도를 제외한 전 지역에 실시될 수 있었어. 대동법으로 인해 나라는 세금을 공정하고 효율적으로 거둬들여 재정이 안정되었지. 이를 통해 궁에서 필요한 특산물을 직접 구입할 수 있게 되다 보니 농사짓고 세금 내기 바빴던 백성들의 삶에도 점차 여유가 생겨 물건을 사고파는 경제활동도 활발해지기 시작했어. 대동법이 전국적으로 실시됐던 숙종 때에는 상평통보와 같은 화폐도 만들어졌단다. 대동법과 그로 인한 상품 경제의 발전으로 조선도 조금씩 농업 중심 사회를 벗어나기 시작한 거야.

 □ 광해군의 궁궐 재건　□ 공납　□ 방납　□ 대공수미법　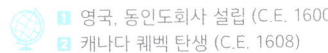 ❶ 영국, 동인도회사 설립 (C.E. 1600)　❷ 캐나다 퀘벡 탄생 (C.E. 1608)

 대동법이 전국적으로 시행되기까지 100년이라는 시간이 걸린 이유는 무엇일까?

기억 UP! 고쌤의 상상스토리

대동법은 경기도에서 처음 실행되었어. 조선 지도 속 경기도에 꽂힌 깃발이 보이니? 경기도에 **깃발 처음!** (1608) 깃발 속에는 원래 공물로 **청어(08)**와 **참외(08)** 등을 바쳤지만, 이후 공물로 쌀을 바쳤다는 내용도 함께 담아보았어. 깃발 속에 팔딱팔딱 뛰는 청어와 단단하고 샛노란 참외의 달콤한 향기를 함께 상상하면 기억이 더 잘날 거야!

1608
깃발처음

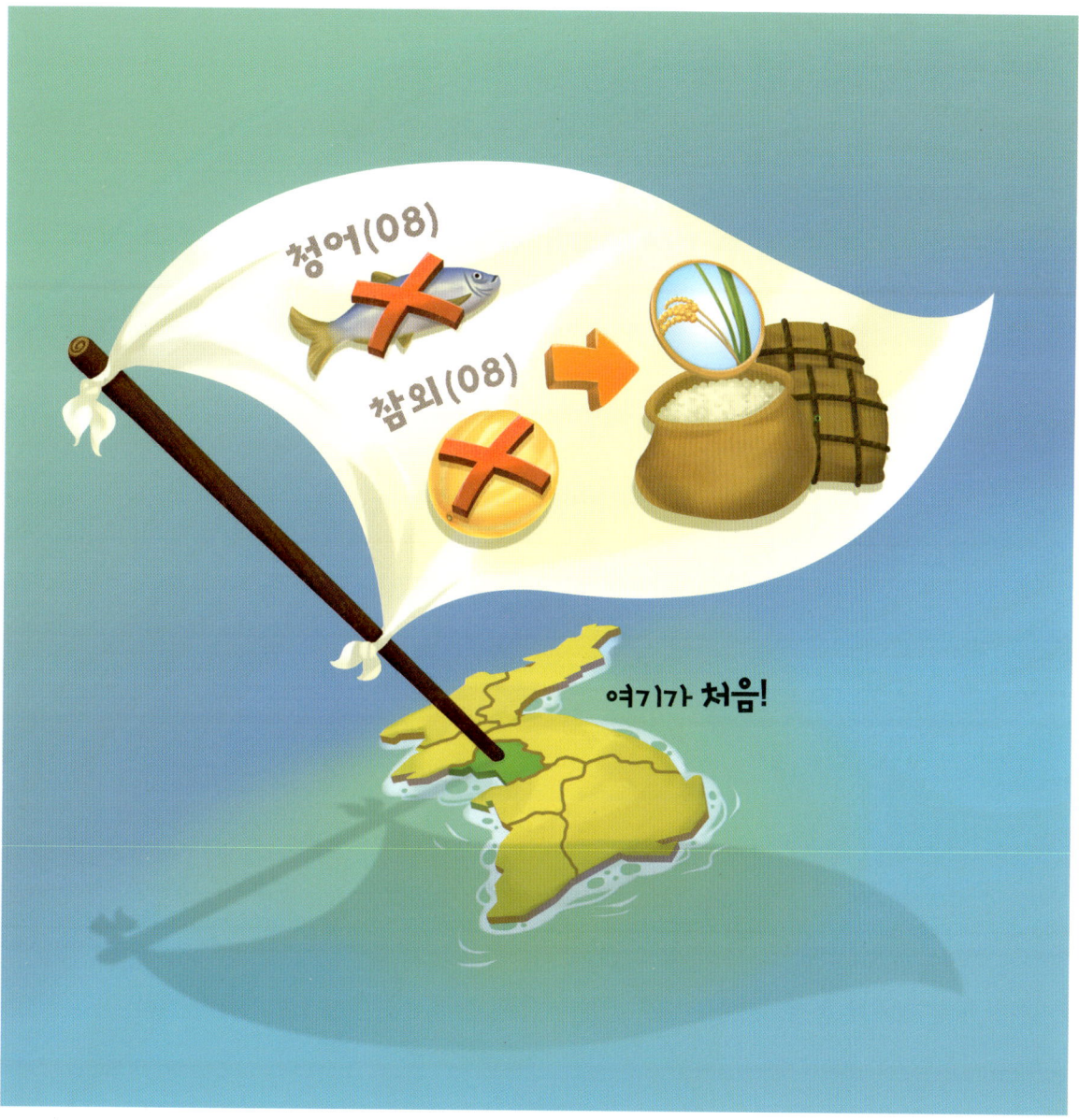

너만의 이미지를 그려봐!

1 -
6 -
0 -
8 -

1610년
허준, 동의보감을 완성하다

누가 — 허준
어디서 — 창덕궁 내의원

　임진왜란이라는 전쟁의 아픔을 겪은 이후, 몇몇 지식인들은 성리학의 이론만으로는 사회 문제를 해결할 수 없다고 여겼어. 그래서 등장한 것이 바로 '실학'이야. 실생활에서 사용할 수 있는 학문! 조선은 실학을 통해 백성들의 실질적인 어려움을 고민했고, 그 결과 농·상·공업 발전에 대한 새로운 시각이 등장했고 지리 연구, 과학 기술의 발전을 이루기 시작했어. 그중 한 가지가 바로 '의학' 발전이야.

　선조의 뒤를 이은 광해군은 임진왜란의 피해로부터 조선을 일으켜 세우는 데 집중했어. 그리고 특별히 전쟁 중 질병으로 죽은 많은 백성을 생각하며 허준에게 '동의보감'을 편찬하도록 했지. 이 동의보감은 증상에 따른 처방을 한눈에 볼 수 있게 정리한 책으로 우리 전통 한의학을 체계화하는 데 큰 도움이 되었단다. 그 완성도가 얼마나 높은지 중국이나 일본에서도 표준 의학책으로 삼을 정도였다니까!

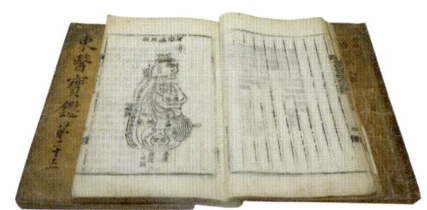

당시 수집 가능한 모든 의서를 모아 우리 민족에 맞게 편집해 출간해 낸 「동의보감」이야.

□ 유네스코 세계기록유산 　□ 해부학 　□ 허준의 스승

1 아유타야 왕국 멸망 (C.E. 1608)
2 베이징에서 마테오 리치 사망 (C.E. 1610)

허준이 등장한 이후부터 지금까지, 우리나라의 의료 수준은 세계적으로 우위에 있어. 이렇게 한 명의 인재가 세상을 바꾼 경우가 더 있는지 찾아볼까?

기억 UP! 고쌤의 상상스토리

방대한 중국, 조선의 의학 정보들이 핵심 위주로 정리된 동의보감. 허준은 유배 간 상황에서조차 의서 편찬에 전념했다고 해. 정말 대단하지~? 그림 속 허준을 봐. 코피를 쏟으면서까지 병을 고침에 대한 열정을 쏟아붓고 있어. **코피고침(1610)** 그 덕분에 많은 사람이 병을 예방하고, 고칠 수 있게 되었으니, 정말 감사한 마음이 커.

1610
코피고침

너만의 이미지를 그려봐!

1 -
6 -
1 -
0 -

1618년
광해군, 중립외교를 펼치다

누가 광해군
어디서 사르후 (현재 중국의 랴오닝 성)

광해군이 조선을 통치하고 있을 당시, 동북아시아의 상황은 매우 어지러웠어. 절대 무너지지 않을 것 같던 명나라는 조선을 도와주다 힘을 너무 많이 뺐는지 쇠퇴하고 있었고, 만주 지역의 여진족은 후금이라는 나라를 세우며 강해지고 있었거든.

그러던 중 명나라가 후금과의 전쟁을 위해 조선에 군사 지원을 요구했고, 광해군은 깊은 고민에 빠졌단다. 임진왜란 때 도움을 받았던 명의 요구를 거절할 수는 없으나, 누가 봐도 강력해 보이는 후금과 적대적인 관계에 설 수도 없었으니까.

임진왜란을 겪은 지 얼마 되지 않은 조선의 백성들을 또다시 힘들게 하지 않기 위해 고민하던 광해군은 결국 '중립 외교'를 선택했어. 사르후에서 벌어진 명나라와 후금의 전투에서 명나라에 조선의 군사를 지원했으나 상황을 보아 지혜롭게 대처하여 후금과 직접 맞서지는 말라 명령을 내린 것이지. 그 결과 조선은 후금과의 직접적인 충돌을 피할 수 있었지만, 이로 인해 광해군은 또 다른 어려움과 맞닥뜨리게 되었단다. 이후 과연 어떤 일들이 펼쳐졌을까?

명을 도와 후금을 공격하기 위해 출전한 장수들이 항복하는 모습을 그린 '양수투항도'야.

 □ 강홍립 □ 사르후전투 □ 모문룡의 가도사건

 ① 윌리엄 셰익스피어 사망 (C.E. 1616)
② 30년 전쟁 발발 (C.E. 1618)

 중립 외교를 통해 후금의 침입을 피할 수 있었지만, 이는 인조반정의 원인이 되기도 했어. 오랜 친구인 명나라와 새 친구인 후금을 똑같이 대우하는 광해군은 어떤 마음으로 그리했을까?

기억 UP! 고쌤의 상상스토리

명이냐, 후금이냐.. 그것이 문제로다! 깃발 앞에서 고민 중인 광어 모양의 광해군이 보이니? 광해군은 과연 가위로 싹둑, 어떤 깃발을 자를까? **깃발가위! (1618)** 에 조선의 운명이 달렸도다! 광해군은 가위를 들고 자르는 시늉만 한 후 이쪽도 저쪽도 아닌 중립외교를 선택했어. 실리를 중시한 광해군의 판단이 지금에야 높게 평가되지만, 당시에는 광해군을 쫓아낼 명분이 되고 말았지. 에구구~

1618
깃발가위

너만의 이미지를 그려봐!

1 -
6 -
1 -
8 -

1623년
인조, 반정을 일으키다

누가 인조
어디서 경운궁(덕수궁) 즉조당

광해군의 '중립 외교' 이후에는 어떤 일들이 일어났을까? 광해군의 중립 외교정책은 명에 대한 의리를 중시하는 서인들에게 큰 반발을 사게 돼. "아니 어떻게 전쟁 때 우리를 도운 명나라를 배신하고 유학이란 건 전혀 모르는 후금이랑 친하게 지낼 수가 있어?!" 게다가 광해군이 역모 사건을 빌미로 자신의 계모인 인목 대비를 경운궁(덕수궁)에 가두고, 동생 영창 대군을 죽인 사건까지 더해지자 이 행동들은 유교적 윤리를 저버린 것이라며 더욱 큰 비난을 받게 되었지.

결국 이 모든 일을 빌미로 삼아 협력한 서인과 남인은 능양군과 함께 홍제원에서 군사를 모아 반정을 일으켰어. 이들은 도성의 북문인 창의문을 지나기 직전 세검정이라는 정자에서 광해군의 폐위를 의논하고 칼을 갈아 날을 세우며 그 뜻을 다시 한번 다졌지. 이후 반정은 성공했고, 능양군은 광해군을 폐위시킨 뒤 조선의 16대 왕 인조로 등극하게 되었단다.

지도에 표시된 반란군들의 동선 중 홍제원 앞 '세검정'(왼쪽)과 '창의문'(오른쪽)의 모습이야.

검색톡톡
☐ 폐모살제 ☐ 경운궁 석어당 ☐ 이귀 ☐ 정명공주 ☐ 즉조당

① 청교도들이 북아메리카 도달 (C.E. 1620)
② 영국-네덜란드, 협력 조약 체결 (C.E. 1620)

생각통통
인조는 광해군의 중립 외교를 반대하는 신하들에 의해 왕이 되었어. 하지만 인조의 눈에도 명나라와 후금 사이 힘의 균형이 무너지는 것이 뻔히 보였을 거야. 인조가 명나라의 편을 들었던 이유는 무엇일까?

기억 UP! 고쌤의 상상스토리

반정에 성공하기 위한 전략이 있어. 바로 중심이 되는 곳(궁궐)을 혼란스럽게 만드는 것! 그래서 사람들은 궁궐을 쳐들어갈 때 여기저기 불을 지르곤 했지. 인조도 마찬가지야. 그림을 봐! 궁궐 여기저기에 큰불을 낸 후, 혼란을 틈타 전략을 펼치려 하고 있어! 인조가 **큰불내다!**(1623) 만약 큰불이라는 단어가 기억나지 않는다면, 인조가 따꽁! 하며 광해군을 **꿀밤놓다**(1623)로 상상해도 좋아.

1 6 2 3
큰불내다
꿀밤놓다

너만의 이미지를 그려봐!

1 -
6 -
2 -
3 -

1627년
정묘년, 후금이 쳐들어오다

누가 인조

어디서 평안도, 황해도 지역

인조반정으로 새로운 세력을 잡게 된 인조와 서인! 그들은 명나라를 가까이하고, 후금을 멀리하는 '친명 배금' 외교정책을 펼쳤단다. 당연히 후금이 가만히 있지 않았겠지?

인조반정 이후 조선은 어지러운 상황이었어. 왜냐하면, 인조를 도와 반정을 일으킨 신하 중 자신이 했던 활약에 비해 너무 적은 보상을 받았다고 생각한 이괄이라는 자가 반란을 일으켰거든. 창덕궁을 불태울 만큼 크게 일어난 반란에 인조가 잠시 충청남도 공주까지 피난을 가야 할 정도였지.

1627년, 정묘년. 조선이 이렇게 정신없는 상황에 후금은 조선을 쳐들어왔어. 이 사건이 '정묘호란'이야. 임진왜란이 끝난 지 채 30년도 지나지 않은 시기에 황해도까지 내려온 후금의 군대는 조선에 '명과의 관계를 끊고 후금을 형님으로 모시겠다.'라는 약속을 받은 후에야 되돌아갔어. 이 약속 이후 조선은 후금과 좋은 관계를 유지해나갔을까?

인조가 강화조약을 체결했던 '연미정'의 모습이야.

 □ 피신처 공산성 □ 애신각라

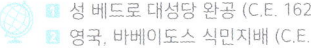
- 성 베드로 대성당 완공 (C.E. 1626)
- 영국, 바베이도스 식민지배 (C.E. 1627)

 조선은 임진왜란 이후 30년도 채 지나지 않아 정묘호란을 겪었지. 이때 백성들은 나라에 대해 어떤 생각을 했을까?

기억 UP! 고쌤의 상상스토리

후금을 형님으로 모실게요. 약속! 이 적힌 깃발 아래 인조가 낙서하고 있어. 후금 미워! 후금 싫어! 하면서 말이야. 후금을 형님으로 모셔야 한다니 거북스러운가 봐. 인조의 거짓 약속에 후금은 낚인 걸까? **깃발낙서(1627)**와 **거북낚시(1627)** 두 개의 이미지를 넣어봤어. 힌트는 많으면 많을수록 좋으니까 말이야.

1627
깃발낙서
거북낚시

너만의 이미지를 그려봐!

1 -
6 -
2 -
7 -

1636년
인조, 청에 굴욕을 당하다

누가 인조

어디서 남한산성

정묘호란 이후 만주 전역을 차지한 후금은 나라 이름을 '청'으로 바꾸고, 더 강력해진 상태로 한 번 더 조선을 찾아왔어. 이번에는 형제의 관계가 아닌 임금과 신하의 관계를 맺자면서 말이야. 명나라 사대주의에서 벗어나지 못한 조선은 당연히 이 제안을 거절했고, 결국 청나라의 태종은 직접 군대를 이끌고 조선을 쳐들어와 한성을 점령했단다.

인조는 신하들과 함께 남한산성에 들어가 45일을 버텼어. 하지만 결국 청의 요구를 받아들였고, 여진족 방식에 따라 현재의 석촌호수에 있는 삼전도에서 청 태종에게 머리를 조아리고 항복하겠다는 치욕적인 약속을 맺게 되었지.

이 사건을 1636년, 병자년에 일어난 오랑캐의 난이라고 하여 '병자호란'이라고 해. 이후 인조의 두 왕자인 소현세자와 봉림대군, 그리고 조선의 많은 백성은 청으로 끌려가게 되었단다.

영화 '남한산성'의 한 장면이야.
조선은 청나라뿐 아니라 추위와 배고픔과도 싸워야 했어.

 ☐ 김상헌 ☐ 최명길 ☐ 삼전도의 굴욕 ☐ 환향녀 ☐ 삼각산

 ① 구스타프 2세 전사 (C.E. 1632)
② 하버드 대학 설립 (C.E. 1636)

 병자호란 이후 청에 끌려갔던 소현세자는 청의 문물을 배워야 한다고 생각했지만, 봉림대군은 청에 복수해야 한다고 생각했어. 너의 생각은 어때?

기억 UP! 고쌤의 상상스토리

신하 옷을 입은 인조는 청(후금) 태종 앞에 엎드려 항복하고 있어. 바둑판 사방엔 청 태종의 군사들이 세력을 과시하고 있고, 청 태종은 '넌 **끝(1)**이야.'라며 엄지를 내리고 있네? 으.. 굴욕적이군. 이 상황을 보니 '인생은 바둑 같다'라는 말이 떠올라. **바둑판(636)** 위 인조는 이 순간을 '자충수'라고 생각할까? 자충수 : 스스로 선택한 한 수가 자신에게 불리한 결과를 초래함

1636
끝바둑판

너만의 이미지를 그려봐!

1 -
6 -
3 -
6 -

1659년
예송논쟁, 예의로 다투다

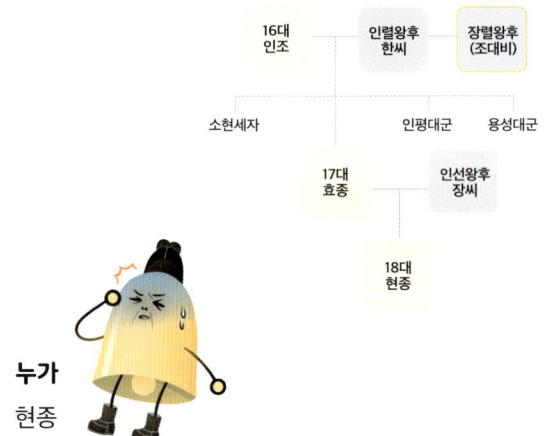

누가
현종

조선의 17대 임금인 효종이 돌아가신 뒤에 현종이 새로이 즉위했어. 현종이 즉위와 동시에 맞이한 문제는 효종의 새어머니였던 조대비가 효종의 장례를 위해 상복을 몇 년 입느냐 하는 것이었어. 오늘날 우리는 가볍게 생각할 수 있는 문제이지만, 조선 시대에 이런 예절 문제는 그 무엇보다 중요했거든. 소현세자의 동생이었던 봉림대군(효종)을 적장자인 맏아들로 생각한다면 조대비가 상복을 3년간 입는 것이 맞지만, 둘째 아들로 생각할 경우에는 1년만 입으면 되는 상황이었지.

이 상황에 대한 신하들의 의견은 극명하게 나뉘었단다. 서인들은 상복을 1년만 입으면 된다고 주장했지만, 남인들은 3년을 입어야 한다고 주장했고, 1659년, 기해년의 논쟁은 서인들의 승리로 끝나며 조대비는 1년간 상복을 입었지.

그런데 1674년 조대비의 며느리인 현종의 어머니가 세상을 떠나자 똑같은 분쟁이 한 번 더 일어난 거야. (그때까지도 조대비가 살아있었거든) 이번에도 서인은 9개월, 남인은 1년간 상복을 입어야 한다고 주장했어. 하지만 1674년, 갑인년의 논쟁에서는 남인들이 이기게 되면서 이를 계기로 서인들은 세력을 잃고 정권에서 물러나야 했단다. 예를 갖추는 과정에서 엎치락뒤치락 끝에 남인이 정권을 잡게 된 그때, 제19대 임금인 숙종이 왕위에 올랐지. 과연 역사는 어떻게 흘러갔을까?

☐ 상복 ☐ 경신대기근 ☐ 조선 유일 외국에서 태어난 왕

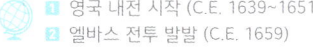
1 영국 내전 시작 (C.E. 1639~1651)
2 엘바스 전투 발발 (C.E. 1659)

이해하기 어렵지만, 당시 예송논쟁은 조선 시대 사람들에게 매우 중요한 문제였어. 반대로, 조선사람들이 우리를 볼 때, 우리는 무엇을 중요하게 여긴다고 생각할까?

기억 UP! 고쌤의 상상스토리

내가 맞다! 아니다, 내가 맞다! 상복을 입고 앉아있는 조대비 뒤로 붉은색 옷을 입은 서인은 거품을 물고 말하고 있고, 남색 옷을 입은 남인은 목젖을 드러내놓고 치열하게 공방하고 있어. 예송논쟁이 **거품목젖(1659)** 싸움이 된 거지! 아니, 우리라고 거품목젖이 없나? 우리도 외쳐보자. "제발 그만 싸우고, 백성을 위한 정치를 하세요!"

1659
거품목젖

1 -
6 -
5 -
9 -

너만의 이미지를 그려봐!

1680년
경신년, 환국이 일어나다

누가 숙종
어디서 창덕궁

숙종 재위 초반은 예송 논쟁에서 최종 승리한 남인의 시대였어. 하루는 남인의 대표인 영의정 허적의 집에 잔치가 있었는데 마침 비가 오는 거야. 숙종은 "영의정이 잔치를 하고 있다 하니 왕실에서 쓰는 유악(비가림막) 하나 빌려주어라~" 하고 명령을 내렸어. 그런데 어명을 받은 신하가 창고에 가보니 유악은 이미 사라져 있었고, 행방을 쫓아보니 허적이 어명 없이 왕의 물건을 마음대로 가져다 남인들과 함께 즐거운 시간을 보내고 있었어. 안 그래도 남인의 횡포가 심했던 상황에서 숙종의 신임을 그리 얻지 못하고 있던 허적과 남인들이 임금의 물건을 함부로 가져다 사용하는 역모죄를 저지르자 숙종은 단단히 화가 났어. 결국 이 사건으로 인해 남인들은 모두 최고 권력 자리에서 쫓겨났고, 정권은 다시 서인의 손으로 넘어가게 되었단다. 이 사건을 1680년, 경신년에 일어났다고 하여 경신환국이라고 해.

환국이란 국가적인 상황이나 판이 뒤집힌다는 의미인데, 강력한 왕권을 지향했던 숙종은 과연 경신환국 한 번으로 왕권 강화에 성공했으며, 서인들은 계속 권력을 잡고 있을 수 있었을까?

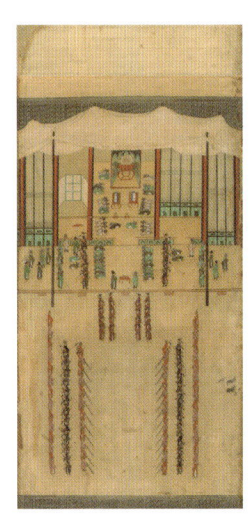

'중희당 친림대정시 갱운시병'에 나온 '유악'의 모습이야.

 □ 조선 숙종의 왕권강화 □ 홍수의 변 □ 삼복의 옥

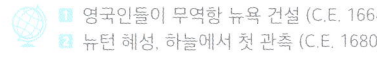 ① 영국인들이 무역항 뉴욕 건설 (C.E. 1664)
② 뉴턴 혜성, 하늘에서 첫 관측 (C.E. 1680)

 붕당 정치에서 붕당이 하나만 남으면 어떤 일이 벌어질까?

기억 UP! 고쌤의 상상스토리

비 오는 날 물 만난 물고기처럼 **금붕어(168)**가 **침(0)**을 튀겨가며 숙종에게 허적 일을 말하고 있어. 감히 내 허락 없이?! 라며 분노한 숙종과 허적! 놀란 허적의 표정이 생생하지? 허적은 **고백(16)**할 타이밍도 놓치고 **아차(80)** 싶을 거야. 얘들아 신경질의 발음이 '경신환국'을 떠올리는 힌트 단어가 될 수 있으니 참고하렴.

1680
금붕어침
고백아차

속닥속닥

아오! 신경질 나!

허걱!

전하께 고백 못하고 아차! 싶구나..

너만의 이미지를 그려봐!

1 -
6 -
8 -
0 -

1689년
기사년, 환국이 일어나다

누가 장희빈

이 시기, 장희빈이라는 궁녀가 있었어. 장희빈은 어린 나이에 궁궐에 들어왔고, 1680년 무렵부터 숙종의 눈에 어여쁘게 보여 사랑을 받았지. 그 후 1686년 장희빈은 숙종의 아들을 낳았단다.

당시 왕비였던 인현왕후는 아들을 낳지 못한 상황이었어. 숙종은 장희빈이 아들을 낳자 너무 기쁜 나머지 태어난 지 2개월밖에 안 된 아이를 세자로 책봉하려고 했고, 이 일에 대해 송시열 등 서인들이 반대하며 세자를 책봉할 때는 신중해야 한다고 주장했지. (아마도 장희빈이 남인의 편이었기에 더욱더 심하게 반대했을 거야)

숙종은 서인들의 태도에 노발대발하며 후사를 정하는 것조차 왕 마음대로 하지 못하느냐 말하며, 서인들을 모조리 쫓아낸 뒤 경신환국 때 내쫓은 남인들을 정권에 다시 등용했단다. 이 과정에서 세자 책봉에 반대했던 서인의 대학자 송시열은 사약을 받고 죽었고, 서인 편에 있던 인현왕후는 폐위되었어. 장희빈은 공석인 왕후의 자리를 차지하게 되었지. 이 사건을 1689년, 기사년에 일어났기 때문에 기사환국이라 불러. 조선의 정권이 한 번 더 뒤집힌 거야.

수많은 사림들의 존경을 받은 대학자 송시열의 모습이야.

□ 장옥정 □ 사약의 재료 □ 송시열 □ 대빈묘

- 카페에서 명예혁명 논의 (C.E. 1680)
- 권리장전 발표 (C.E. 1689)

숙종이 장희빈의 아들을 세자로 책봉한 진짜 이유는 무엇일까?

기억 UP! 고쌤의 상상스토리

아들이 3세에 세자가 되고, 자신 또한 왕비 자리에 오르게 되어 겹경사를 맞게 된 희빈 장씨가 희~하고 웃고 있어. 그를 감싸고 있는 숙종까지! 이들 모두 기쁨의 엄지를 척! 하고 올리고 있네? **기쁨엄지!(1689)** 반면 인형처럼 힘없이 늘어진 인현왕후는 서인들과 함께 물러나고 말았구나. 이를 본 희빈 장씨는 더욱더 기가 사네, 기가 살아! 오잉? 그래서 기사환국인가?

1689 기쁨엄지

너만의 이미지를 그려봐!

1 -
6 -
8 -
9 -

1694년 갑술년, 환국이 일어나다

누가 인현왕후
어디서 창경궁 통명전

* 궁궐 안 장소: 통명전, 명정전, 홍화문

기사환국 이후에 왕비가 된 장희빈은 숙종이 새로이 총애하던 숙원 최 씨를 경계했고, 심지어 독살하려는 계획도 세웠어. 서인은 이런 장희빈의 행동이 왕비의 격에 맞지 않는다고 비난하면서 장희빈을 폐비시키고 인현왕후를 다시 복위시켜야 한다고 주장했지. 결국 숙종은 서인의 편을 일부 들어주었어. 장희빈을 후궁으로 강등시켰고, 그에 따라 남인도 함께 정계에서 쫓겨나게 되면서 정권은 다시 서인에게 넘어가게 된 거야. 이를 1694년, 갑술년에 일어나 갑술환국이라고 해.

이후 1701년, 인현왕후가 지병으로 세상을 떠나자, 장희빈을 다시 왕후로 올리자는 의견이 있었어. 하지만 장희빈이 인현왕후를 저주하는 굿을 치른 사실이 발각되며 그녀는 사약을 받고 죽게 되었지.

갑술환국 이후, 남인은 다시는 정권을 잡을 수 없을 정도로 심한 타격을 입었고 서인은 홀로 정권을 차지하게 돼. 과연 서인들이 더는 분열하지 않고 힘을 하나로 똘똘 뭉쳐 정국을 운영해 나갔을까?

창경궁 안 왕비의 처소인 '통명전'이야.
인현왕후와 장희빈이 모두 머물렀던 곳이지.

 검색톡톡
☐ 무고의 옥 ☐ 폐비와 강등

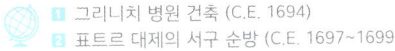
🌐 그리니치 병원 건축 (C.E. 1694)
🌐 표트르 대제의 서구 순방 (C.E. 1697~1699)

 생각통통
안정적인 정치를 원하는 붕당과 개혁적인 정치를 원하는 붕당의 균형이 잘 맞았다면 조선은 건강한 나라가 될 수 있었을 거야. 붕당 정치의 나쁜 점을 해결하는데 환국 외에 다른 방법은 없었을까?

기억 UP! 고쌤의 상상스토리

큰빗자루(1694)에 올라간 숙종이 갑자기 남인들을 모조리 쓸어버리고 있어. 큰빗자루 위에 다시 복귀한 인현왕후 밑으로 쓸려 내려가는 희빈 장씨도 보이지? 남쪽의 남인들은 희빈 장씨와 함께 우당탕탕 쓸리고 있고, 서쪽에 있는 서인들은 그 모습을 보며 히히호호 웃고 있어. 남인들이 갑자기 쓸려버리는 모습을 상상하면, 갑술환국이 잘 떠오를 거야.

1694
큰빗자루

1 -
6 -
9 -
4 -

너만의 이미지를 그려봐!

1696년 안용복, 독도를 수호하다

누가 안용복

어디서 독도

    어부인 안용복은 울릉도에서 고기를 잡던 중에 일본의 배를 만났어. 우리 영해인 독도에 일본인들이 함부로 들어와 고기를 잡았다는 것에 화가 난 안용복은 일본으로 건너가 강력하게 항의를 했고, 일본은 울릉도와 독도에서 함부로 고기를 잡은 일에 대해 사과하고 앞으로는 그러지 않겠다고 약속했지. 조선으로 돌아온 안용복은 나라의 허락 없이 국가 간의 외교 문제를 논했다는 이유로 큰 벌을 받을 뻔했어. 그렇지만 나라에서 하지 못한 일을 개인이 해냈다는 점을 높이 사서 벌을 면할 수 있었단다.

    이후 1905년 일본은 다시 한번 더 독도를 강제로 점령했어. 하지만 1945년 일본이 2차 세계대전에서 패하고 우리나라가 광복을 맞이하면서 독도도 우리의 품으로 돌아왔지. 그런데 현재까지도 일본은 독도가 일본의 영토라고 우기고 있어. 1951년의 샌프란시스코 강화조약에서 '제주도, 거문도, 울릉도를 포함한 한국의 모든 권리를 포기한다.'는 규정에 독도가 제외되었다는 것을 이유로 들면서 말이야. 조약에서 언급된 섬은 3천여 개의 섬들 가운데 예시를 든 것에 불과하기 때문에 일본의 주장은 설득력이 없음에도 불구하고 이 싸움은 계속되는 중이야.

우리나라 영토 '독도'의 모습이야.
현재 천연기념물 제 336호로 지정되어 있지.

 □ 안용복의 처벌　□ 민간 외교가 안용복　□ 독도의용수비대

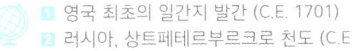 영국 최초의 일간지 발간 (C.E. 1701)
러시아, 상트페테르부르크로 천도 (C.E. 1703)

 대부분의 사람은 독도를 우리 땅이라고 하지만, 그 이유는 잘 모르고 있어. 독도가 우리 땅이라는 증거를 3가지 찾아 적어볼까?

기억 UP! 고쌤의 상상스토리

저기 독도를 감싸 안고 있는 용이 보이니? 독도의 수호 용사 안용복이야. '다시는 발도 들이지 말아라!' 하며 매서운 눈으로 도망치는 일본 어민들을 향해 경고하고 있어. 아니, 그런데 저 제비들은 뭐지? '독도 수호'가 적힌 깃발을 들고 근엄한 표정의 제비들이 안용복을 응원하고 있네? 펄럭이는 깃발을 들고 응원하는 제비, **깃발제비(1724)**를 보면 안용복도 힘이 날 거야!

1696 깃발제비

1 -
6 -
9 -
6 -

너만의 이미지를 그려봐!

1724년
영조, 탕평을 시작하다

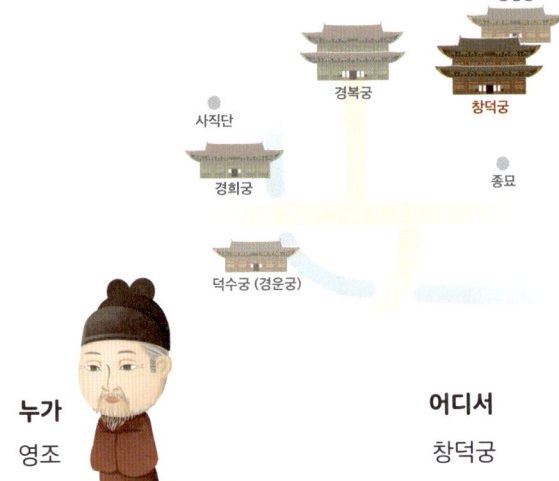

누가 영조 **어디서** 창덕궁

영조는 왕위에 오르기 전부터 아버지인 숙종 밑에서 붕당 정치의 나쁜 점들을 목격했어. 게다가 이복형인 경종이 왕위에 있을 때는 붕당 정치 때문에 자신의 목숨을 잃을 뻔도 했지. 그래서 1724년 즉위한 뒤 영조는 가장 먼저 '탕평 정치'를 시작했단다.

蕩 흔들(탕) 平 평평할(평). 건강한 몸을 위해서는 다양한 음식을 골고루 먹어야 하듯이 인재를 등용함에도 여러 붕당에서 골고루 인재를 등용하겠다는 영조의 뜻과 의지였어.

탕평 정치를 펼침으로 영조의 왕권은 강해졌어. 하지만 이로 인해 영조에게는 비극적인 일도 많았단다. 당시 소론 세력은 경종의 사망이 영조와 관련이 있다며 계속해서 영조를 공격하고 있었어. 소론과 친하게 지내던 영조의 아들 사도세자는 자연스레 아버지와 노론 세력의 미움을 사게 되었지. 가뜩이나 영조의 큰 기대가 부담스러워 정신병을 앓고 있던 사도세자를 향한 노론 측 신하들의 참소는 끊이지 않았어.

결국 영조는 아들 사도세자를 뒤주(쌀통)에 가두고 죽어가는 모습을 지켜볼 수밖에 없었어. 왕으로서 권력 강화를 이뤘지만, 아버지로서 자기 손으로 아들을 죽일 수밖에 없던 영조의 마음은 어땠을까.

영화 '사도'의 한 장면이야.
뒤주에 갇힌 아버지, 사도세자를 바라보는 어린 세손. 정조의 모습이지.

 ☐ 완론 탕평과 준론 탕평   ☐ 임오화변   ☐ 소론과 노론

 ■ '아라비안 나이트' 영문판 출간 (C.E. 1706)
■ 상트페테르부르크 대학 설립 (C.E. 1724)

 임금 영조는 탕평을 위해 세자를 희생시키고, 아빠 영조는 아들을 모함한 자들을 숙청하고 귀양 보냈어. 임금과 아빠로서 영조가 지닌 태도의 차이점은 무엇이 있을까? 이로 인해 영조는 어떤 고민을 했었을까?

기억 UP! 고쌤의 상상스토리

당파 싸움이 가장 심할 때 즉위한 영조는 고민이 많았을 거야. 왕과 신하가 함께 백성들을 위한 정치를 하기 위해 열띤 토론을 펼쳐야 하는데, 신하들이 자기들 밥그릇 싸움에만 집중하고 있으니 얼마나 답답했겠어. 이에 영조는 큰 손위에 노론과 소론을 올려두고는 탕탕평평 서로 잘 좀 해보자~ 라며 화해의 노래를 부르고 있어. 영조의 **큰손노래(1724)** 어때, 잘 들리니?

1724
큰손노래

실제 얼굴 이지롱

노론 소론

너만의 이미지를 그려봐!

1 -
7 -
2 -
4 -

1750년
영조, 균역법을 실행하다

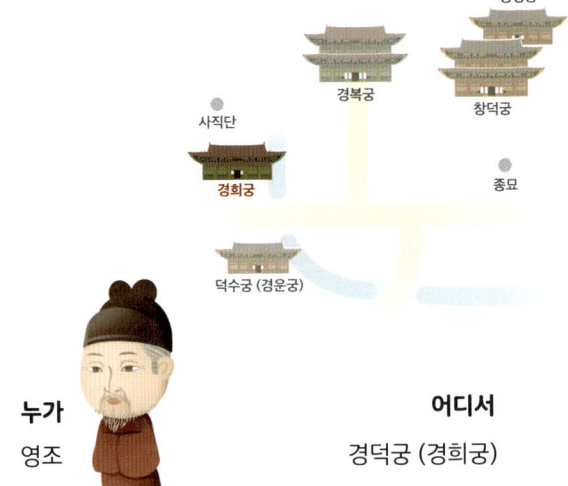

누가 영조

어디서 경덕궁 (경희궁)

영조는 탕평 정치 이외에도 백성들을 위해 다양한 개혁정책을 펼쳤는데, 그중 하나가 '균역법'이야. 군대에 가지 않는 대신 내던 세금인 '군포'의 양을 1년에 2필에서 1필로 줄여 백성들의 세금에 대한 부담을 덜게 했고, 부족한 국가의 재정은 다른 세금(지주들의 결작, 어장세, 선박세 등등)을 통해 보충하게 한 제도였지. 또한 영조는 '속대전'이라는 법전을 편찬하여 아무리 죄인이라 하여도 너무 잔인한 형벌은 주지 않도록 형벌 제도를 고치기도 했어.

영조의 여러 가지 개혁 정책들은 건강한 조선을 만들기에 너무 좋은 방향이었지만, 이전부터 계속된 붕당정치의 나쁜 점들을 모두 뿌리 뽑지는 못했어. 그러나 영조의 손자 정조가 할아버지의 뜻을 이어 계속 개혁 정책을 펼쳐간 끝에 조선의 정치와 사회가 어느 정도 안정될 수 있었단다.

16세 이상의 조선 남자들이 병역의 의무 대신 내야 했던 베(옷감)가 2필에서 1필로 줄어들었어.

□ 영조의 청계천 □ 상언 격쟁 □ 영조와 홍화문

- 프리드리히 대제, 프로이센 왕에 등극 (C.E. 1740)
- 7년 전쟁 발발 (C.E. 1756~1763)

영조는 백성을 많이 사랑했던 왕으로서 백성들을 위해 다양한 개혁정책을 펼쳤어. 책에 소개된 내용 외에 어떤 정책들이 있었는지 찾아서 몇 가지 적어보자.

기억 UP! 고쌤의 상상스토리

백성들이 손가락으로 **계산(17)**하며 감 4개와 함께 춤을 추고 있어. "우와~! 나라님께서 우리 가난한 백성의 마음을 헤아려 군포를 2필에서 1필로 깎아주셨어! 감사(17)해!" 반면 양반들은 망치(50)를 들고 펄쩍 뛰고 있네? "내가 **미쳐(50)**! 왜 양반들이 나머지 세금의 부담을 책임져야 하는 거야?!" 영조의 균역법은 **감사망치(1750)**를 불러온 정책이구나!

1750
감사망치

1 -
7 -
5 -
0 -

너만의 이미지를 그려봐!

1776년 정조, 왕권을 강화하다

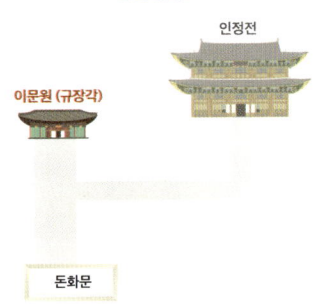
*궁궐 안 장소

누가 정조

어디서 창덕궁 규장각

11살의 어린 정조는 아버지(사도세자)가 뒤주(쌀통)에 갇혀 죽는 것을 보았어. 그러니 붕당 정치에 휘말려 억울하게 돌아가신 아버지를 위해서라도 바른 왕이 되기 위해 더욱 열심히 노력했지.

1776년 즉위한 정조는 할아버지 영조의 뜻을 이어받아 탕평 정책에 힘썼어. 정조는 주변을 아무리 둘러봐도 자신의 세력이 없는 것을 깨달았지. 그래서 가장 먼저 규장각이라는 왕실 도서관을 건립(1776)하여 그곳에서 자신과 같은 생각을 하는 문신들을 뽑아 정책 연구와 관리 교육을 담당하게 했고, 이후 국왕 친위부대인 장용영을 만들어 든든한 군사력도 갖추었어(1785). 또한 영조가 재정비했던 <속대전>을 잇는 <대전통편>이라는 법전을 만들어 법을 재정비(1785)하기도 했으며, 여러 분야의 책을 만들어 문화 발전에도 노력을 기울이는 등 훌륭한 정치를 펼쳐나갔단다.

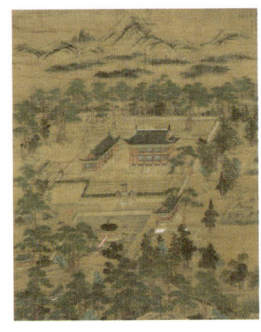
정조가 인재를 육성하기 위해 설치한 '규장각'의 모습을 그린 그림이야.

정조의 명으로 집필한 군용 무술 교본 「무예도보통지」중 일부야.

□ 장헌세자 □ 수은묘와 경모궁 □ 영종과 정종

1 미국, 독립 전쟁 시작 (C.E. 1775)
2 이듬해에 독립 선언문 발표 (C.E. 1776)

조선에서 가장 많은 업적을 남긴 두 임금 세종과 정조. 멋지고 대단해 보이지? 부모님께 세종과 정조를 설명해드린 후 만약 직장 상사를 택할 수 있다면 두 임금 중 누구를 선택하고 싶으신지 여쭤볼래?

기억 UP! 고쌤의 상상스토리

영조 승하 후 6일 만에 정조는 경희궁에서 즉위했어. 신하들이 왕위를 잇길 청하였지만, 정조는 울며 허락하지 않았던 6일이었지. 신하들의 계속된 간청에 비로소 왕이 된 정조의 왕이 되기 전날을 떠올려봤어. 눈물을 **글썽(17)**거리며 **상복(76)**을 입은 정조는 아버지 사도세자를 떠올렸을까, 영조를 떠올렸을까? 가슴에 정조준된 화살은 정조의 아픈 과거지만 이를 딛고 성군이 된 정조가 참 멋져

1776 글썽상복

너만의 이미지를 그려봐!

1 -
7 -
7 -
6 -

1794년
정조, 수원에 화성을 세우다

누가 정조
어디서 수원화성

'정조' 하면 빼놓을 수 없는 것이 '수원화성 건축'이야. 정조는 1794년 화성을 짓기 시작하면서 규장각을 통해 발굴한 정약용 등의 학자들을 시켜 거중기, 녹로 같은 발명품을 만들었으며, 이전까지 성을 지을 때면 대가 없이 현장에서 노역하던 평민들에게 월급을 지급하기도 했어. 이런 점들 덕분에 10년을 예상했던 수원화성의 공사는 2년 9개월 만에 끝날 수 있었지.

정조는 화성건축의 책임자였던 체제공과 정약용에게 건축과 관련한 모든 과정과 내용을 <화성성역의궤>라는 그림책에 기록해두라 명했어. 덕분에 일제강점기와 한국전쟁 당시 심하게 훼손되었던 화성을 완벽에 가깝게 복구할 수 있었고, 이를 세계적으로 인정받아 1997년 유네스코 세계문화유산으로 선정되기도 했지.

정조가 수원화성을 지은 것에는 여러 가지 이유가 있었어. 그는 아버지 사도세자의 묘지를 풍수지리적으로 좋은 땅인 수원으로 옮기고, 화성을 지어 어머님을 잘 모시며, 왕위를 물려준 뒤에는 화성에서 아들을 든든하게 지원해 주려는 등의 계획을 하고 있었단다. 하지만 안타깝게도 48세의 젊은 나이로 세상을 떠난 정조의 꿈은 이루어지지 못한 채 수원화성에 그대로 묻히게 되었어.

 □ 혜경궁 홍씨 □ 화성행행도 □ 만석거 □ 건릉 □ 현륭원

 프랑스 혁명 종료 (C.E. 1789~1799)
워싱턴, 미국 초대 대통령 취임 (C.E. 1789)

 수원화성은 물이 많아 농사에도 좋고, 사통팔달 길이 다 열려 있어 상업 발전에도 좋은 곳이었어. 너희는 정조가 수원화성을 어떤 용도로 지었을 것 같니?

기억 UP! 고쌤의 상상스토리

유네스코 세계문화유산에 등재된 수원화성은 현재 우리에게도 자랑스러운 문화유산이야. 자신을 견제하는 세력에서 벗어나 새로운 세력과 함께 조선의 르네상스를 꿈꿨던 정조! 그에게 있어 수원화성은 우리가 생각하는 것 이상으로 자랑스럽게 느껴졌을 거야. 화성건설이 시작된 그 날, 정조는 자신의 원대한 계획을 아빠에게 **꿈속자랑(1794)**하고 싶지 않았을까?

1794
꿈속자랑

너만의 이미지를 그려봐!

1 -
7 -
9 -
4 -

1800년
조선, 세도정치가 시작되다

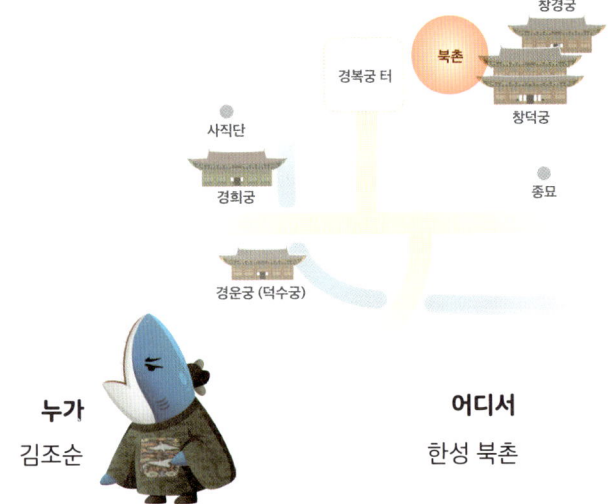

누가 김조순

어디서 한성 북촌

정조는 눈을 감는 순간에도 어린 세자를 걱정했어. 그래서 자신의 장인이자, 세자의 외할아버지인 김조순에게 세자를 잘 도와달라고 부탁했지. 하지만 김조순은 순조가 어린 나이로 즉위하자마자 마음대로 권력을 휘두르기 시작했고, 이때부터 소수 가문에 의해 정권이 독점되는 '세도정치'가 시작되었단다.

세도정치로 인해 백성들의 삶은 급격하게 힘들어졌어. 삼정(세 가지 중요한 세금)이 나쁘게 변질하기 시작했거든. 그들은 농사짓기에 척박한 환경인 땅에도 세금을 매기고, 갓난아기와 이미 죽은 사람들도 납세 명단에 넣어 군포를 내도록 했어. 쌀이 필요하지 않은 사람들에게 강압적으로 쌀을 빌려주고는 두 배로 돌려받기도 했지.

이런 상황에서 순조는 건강하지 못한 자신을 대신해 총명한 아들 효명세자를 앞세워 개혁을 시도해. 하지만 세자가 22세에 갑자기 죽는 바람에 왕권은 점점 더 약해지기만 했지. 앞으로 조선의 운명은 어떻게 될까?

 □ 삼정 □ 안동 김씨 □ 풍양 조씨 □ 고명대신

① 나폴레옹, 이탈리아 침공 (C.E. 1797)
② 세계 인구가 10억 명을 넘어섬 (C.E. 1800)

 세도 정치가 시작되며 백성들은 또 어떤 고통을 마주하게 됐을까?

기억 UP! 고쌤의 상상스토리

세도정치는 왕의 외척 가문에 의해 많이 일어났어. 그들은 어리고 약한 왕의 힘을 자신의 권세를 위해 사용했어. 겁에 질린 순두부 모양의 순조 뒤를 봐. 먹이를 노리는 조스 같은 김조순과 불끈한 근육을 보이며 자기들 뜻대로 하려는 친척들이 보이니? **근육 친척!**(1800) 금세 바스러질 것 같은 조개 안에 벌벌 떨고 있는 순조가 너무 안쓰러워 보여.

1800 근육친척

1811년
홍경래, 반란을 일으키다

누가
홍경래

어디서
평안북도 일부 지역

조선 초부터 평안도는 중국 변방 오랑캐들이 침입하면 가장 먼저 적을 맞이했기에 막대한 피해를 보았고, 명나라와 청나라에 조공을 바치러 갈 때 사신단의 이동 비용까지 부담해야 해서 불만이 쌓여 있는 상태였어. 그런데 세도정치기에 와서 삼정의 변질과 더불어 도성과 먼 북방 지역에 대한 차별까지 더해지며 백성들의 불만이 폭발하고 말았지. 결국, 홍경래를 중심으로 지방의 낮은 관리였던 향임들까지 하나가 되어 반란을 일으켰단다.

1811년에 일어난 이 반란은 다음 해 초여름까지 6개월 동안 지속하였어. 이들은 고작 1,000여 명의 병사를 이끌고 청천강 주변 10개의 성을 빠르게 점령하며 세력을 키웠지. 하지만 곧 관군이 전열을 가다듬고 반격을 가하자 반란군은 우왕좌왕하며 빈틈을 보였고, 때마침 공격해온 조선 정규군이 쏜 총을 맞고 홍경래가 전사하자 반란은 금세 진압되었어.

비록 홍경래의 반란은 실패했지만, 각지의 백성들을 자극하기에 충분했어. 그런데도 지배층은 세도정치로 더욱더 백성들을 괴롭혔단다. 이후 조선에는 더 큰 농민 반란들이 일어나기 시작했지.

 ☐ 평안도 차별 ☐ 참위설 ☐ 정감록 ☐ 유상과 만상

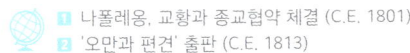
- 나폴레옹, 교황과 종교협약 체결 (C.E. 1801)
- '오만과 편견' 출판 (C.E. 1813)

 홍경래와 여러 계급의 사람들은 함께 반란을 일으키고, 절반의 성공을 거두었어. 홍경래의 난에 다양한 계층의 사람들이 참여했던 이유는 무엇일까?

기억 UP! 고쌤의 상상스토리

1811
형태변환

1811년도는 **형태변환법**을 사용했어. 1811을 가로로 눕혀보면 얼굴에 굵게 새겨진 이마 주름 하나와, 붉게 충혈된 눈, 굳게 다문 입술 같아 보이지 않니? 아래쪽도 봐봐. 쭉쭉 뻗어 올라가는 붉은 화살표처럼 홍경래의 난은 번지는 속도가 매우 빨랐어. 하지만 그 끝이 얼마 남지 않았음을 모래시계가 알려주고 있지. 화살표와 모래시계의 모양도 1811년도를 형상화한 거야.

1 -
8 -
1 -
1 -

너만의 이미지를 그려봐!

1861년
김정호, 대동여지도를 만들다

누가 김정호

어디서 조선 전역

우리나라의 산천, 해안선을 따른 모양을 근현대 이전에 가장 정확하게 표현한 걸작! 바로 김정호의 대동여지도야. 인공위성이 없던 조선 시대에 어떻게 이렇게 정확한 지도를 만들 수 있었을까?

김정호는 <청구도>, <동여도> 등의 지도를 제작한 사람이었어. 평소에 지리에 관한 관심이 상당히 많았나 봐. 흔히 오해하길, 다수의 위인전을 확인하면 김정호가 우리 국토를 세 바퀴나 돌고 백두산을 여덟 차례나 등반하며 일일이 지형을 확인했다고 나오는데, 사실 김정호는 지도 '제작자'이기보다는 지도 '편집자'에 가까운 사람이야. 기존의 지도와 지리서를 대조하고 참고해 그 장점을 찾아내고 모아 집대성한 결과물이 바로 대동여지도란 얘기지. 또한, 이 위대한 지리학자에 대한 기록이 상당히 적은 것으로 보아 여유롭게 국토를 여러 번 돌아다닐 만한 신분도 아니었을 확률이 높아.

비록 신분은 높지 않았지만, 지리에 관심이 많았던 김정호 덕분에 우리나라의 지리학 수준은 엄청나게 상승했어. 정말 대단하지?

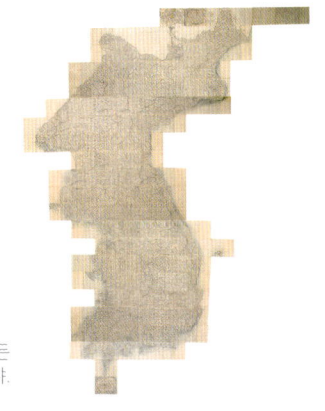

22첩의 목판 인쇄물로 만든 '대동여지도'의 모습이야.

 □ 세종과 기리고차 □ 대동지지 □ 택리지 □ 김정호와 흥선대원군

 ❶ 나폴레옹, 사망 (C.E. 1821)
❷ 미국, 남북전쟁 발발 (C.E. 1861)

 우리나라는 지도 제작에 상당히 관심이 많은 나라였어. 그런데도 모든 사람이 지도를 사용하지는 않았지. 왜 그랬을까?

기억 UP! 고쌤의 상상스토리

"김정호 님 어디 가세요?" "가요가요~ 빈칸 채우러!" **가요빈칸!**(1861) 김정호는 여러 지도자료를 모아 정리한 후 대동여지도로 완성했어. 그럼에도 지도에 보충이 필요하다고 생각한 곳을 채우러 호롱불을 들고 가는 김정호를 상상해봤어. 김정호의 **발끝**(61)을 따라가는 **백구**(61)도 보이지? 발끝과 백구라는 단어도 연도를 떠올리는 힌트 이미지가 될 거야.

1861
가요빈칸
발끝백구

가요가요~
빈칸 채우러!

1 -
8 -
6 -
1 -

너만의 이미지를 그려봐!

1862년 임술년, 농민들이 일어나다

누가 백낙신

어디서 진주에서 전국으로

앞에서 살펴보았듯 못된 관리들은 삼정을 나쁘게 변질 시켜 백성들을 점점 더 심하게 괴롭히고 있었어. 특히 경상남도 진주에 파견 나온 백낙신이라는 자는 백성들의 쌀 한 톨, 물 한 방울까지 쪽쪽 빨아먹고 있었지. 더 참을 수 없었던 농민들은 1862년 임술년, 반란을 일으키며 봉기했고 경상도 진주에서 시작된 이 반란은 전국적으로 퍼져나갔어.

경상도, 전라도, 충청도 및 경기도까지 세력이 커지기 시작하자 국가에서는 반란을 수습하기 위해 박규수를 진주로 파견했단다. 박규수는 백성들의 상황을 살피며 변질한 삼정을 바로잡기 위해 다양한 개혁 방안을 제시했지만 이미 오래 지속하고 있던 세도정치의 폐해를 모두 해결할 수는 없었어.

하지만, 이 반란은 나라가 잘못된 방향으로 가고 있을 때, 그 근본인 백성들이 직접 들고 일어나 맞서 싸울 수 있다는 걸 역사에 남긴 사건이란다.

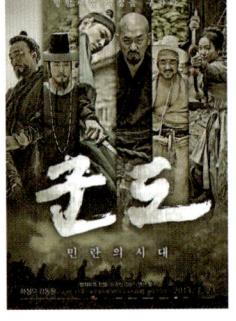 

임술농민봉기시대를 다룬 영화 '군도'의 포스터(왼쪽)와 양반과 대립하고 있는 민중의 모습을 재미있게 표현한 '말뚝이춤'(오른쪽)이야.

- 삼정의 문란
- 삼정이정청
- 백골징수
- 황구첨정

1. 미국 남부, 새 대통령 선출 (C.E. 1861)
2. '레 미제라블' 초판 출간 (C.E. 1862)

왜 임술 농민 봉기가 일어나고서야 비로소 세도정치의 나쁜 점들을 고치려고 시도했을까?

기억 UP! 고쌤의 상상스토리

작은 불씨가 모여 큰불을 이루듯, 처음의 농민봉기는 가냘픈 바늘 정도의 따끔따끔한 강도였지만, 차츰 여기저기 퍼져나간 기세를 따라 아주 굵은~ 바늘같이 되었어. 농민봉기, **굵은바늘(1862)** 되지! 농민들은 이 굵은 바늘이 세도정치의 병폐로 불리는 군정, 전정, 환곡을 뻥! 하고 뚫길 바랐을 거야.

1862
굵은바늘

너만의 이미지를 그려봐!

1 -
8 -
6 -
2 -

단비쌤의 생각 사(史)탕

'조선시대를 매듭지으며'

이름을 많이 가진 자들의 이야기

누군가 부모님의 성함을 물어보면 우리는 뭐라고 답하나요? 우리는 부모님의 성함을 '홍길동' 이라 언급하지 않고, '홍 길자, 동자'라고 조심히 답하고는 합니다. 이는 유교 사상이 지배적이었던 조선시대부터 자리잡아 온 예의의 한 부분으로, 임금이나 어른의 이름은 삼가 조심히 말하고, 읽고, 써왔기 때문이에요.

이름은 타인이 나를 부르는 명칭임에도 불구하고 조선시대 왕들은 살면서 자신의 이름을 들을 수 있는 기회가 많지 않았답니다. 왜냐하면 누구라도 존귀한 왕의 이름을 함부로 말하거나 쓸 경우 큰 벌을 받아야 했거든요. 만약 왕의 이름이 너무 길거나, 백성들이 자주 사용하는 한자로 이루어져 있다면 사용하지 못하는 단어가 많아진 백성들은 생활이 큰 어려움 겪었을 거예요. 왕의 이름에 담긴 한자를 발음하지 않기 위해 노력했지만, 완벽하게 피하기가 쉽지 않았거든요. 실제로 영조 때는 승지가 상소문을 읽어가던 중 영조의 이름인 '금昑' 자가 적혀있자 벌벌 떨며 읽지 못하기도 했었다 해요. 그래서 왕들은 이런 백성들의 어려움을 조금이라도 감해주기 위해 세자의 이름을 외자로 짓거나, 백성들이 잘 사용하지 않는 한자를 사용하고는 했어요.

살아계실 적 이름이 있으나, 많이 불리지 못해서일까요? 왕들에게는 돌아가신 뒤에도 계속 새로운 이름이 붙여졌어요. 그래서 왕들은 살아계실 때의 이름과 죽고 난 뒤에 붙는 묘호, 시호, 존호 등 여러 개의 이름을 가지고 있어요. 먼저 '묘호'란 왕들이 죽은 뒤 종묘에 모실 신위에 적혀진 이름이에요. 묘호 뒤에는 왕의 업적과 공을 칭송하는 '시호'가 붙었고, 시호 뒤에는 신하들이 왕을 높이며 붙여드린 '존호'가 붙었어요. 세종대왕을 예로 들어볼까요? 세종대왕의 본명은 '이 도', 왕자로 정식 인증을 받게 된 후에는 '충녕대군'이라는 호칭으로 불리었지요. 하지만 승하하신 뒤 그의 이름은 '세종(묘호) 장헌(시호) 영문예무인성명효대왕(존호)' 총 15글자로 늘어났답니다.

　우리가 익숙하게 알고 있는 '태조, 정종, 태종, 세종'이라는 칭호들은 모두 돌아가신 뒤에 생긴 묘호인 거예요. 그런데 이런 왕들의 묘호에도 독특한 특징들이 있었어요. 어떤 이름은 '조' 자로 끝나고, 어떤 이름은 '종' 자로 끝나기도 하거든요. 이런 차이들은 어떤 기준으로 정해지는 걸까요? 사실 조선 초기에는 아버지로부터 왕위를 계승한 임금의 묘호에 '종'자를 붙였고, 세자출신이 아닌 자가 왕을 이었을 때는 묘호에 '조'자를 붙였어요. 하지만 조선 14대 선조 대에 와서 이 법칙은 변질하였답니다. 본래 선조는 선종이 되어야 했지만, 아들 광해군이 아버지 묘호의 '종' 자를 '조' 자로 바꿨거든요. 신하들의 반대가 굉장했지만, 광해군은 임진왜란을 이겨내신 아버지 선종의 공을 높이 기리고, 그 마음을 묘호에 담아내고 싶었어요. 이후 선조의 선례는 놀라운 유행을 만들기 시작했어요. 바로 업적이 많은 왕의 묘호에는 '조'자를 붙이고, 덕을 많이 세운 왕의 묘호에는 '종'자를 붙이기 시작한 거예요. 흔들림 없을 것 같은 왕의 이름을 정하는 법칙에도 유행이 있었다니 놀랍지 않나요?

　하지만 왕 중에 묘호를 받지 못한 자들도 있었으니, 바로 제 10대 연산군과 15대 광해군이에요. 두 분의 공통점은 바로 쫓겨난 왕이라는 점입니다. 이들은 왕이 되지 못한 왕자들에게 붙던 '군호'를 받았어요. 그래서 이들에 관한 기록은 왕실 기록 '실록'이 아닌 군호를 사용한 연산군일기, 광해군일기로 남겨졌지요.

　자, 지금까지 왕들의 여러 이름과 그 의미들을 함께 살펴봤어요. 왕들처럼 많은 이름은 없지만 우리에게는 언제나 당당히 불릴 수 있는 예쁜 이름이 있어요. 여러분의 이름에 담긴 뜻은 무엇인가요? 오늘은 부모님과 함께 '나의 이름'에 관한 대화를 나눠보면 좋겠어요. 여러분의 이름에도 분명 사랑이 가득한 의미가 담겨져 있을 거예요.

C.E. 1863 ~ 1950
근현대

1863 고종 즉위

1866 병인양요

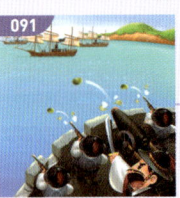
1871 신미양요

1876 강화도 조약

1898 만민 공동회

1904 러·일 전쟁

1905 을사늑약

1907 정미7조약

1920 봉오동과 청산리

1929 광주 학생 운동

1932 한인애국단 의거

1945 광복

어둠이 찾아와도 빛을 잃지 않았던 우리의 어제, 그리고 오늘의 이야기

조선 말기, 외국에 우리나라의 문을 열었던 개항기,
그 문을 부수고 침략해 온 일제가 우리나라를 지배했던 일제강점기, 끝내 되찾은 자유의 빛, 광복!
하지만 곧이어 마주한 한국전쟁과 가슴 아픈 분단의 이야기 등..
어렴풋이 알고 있지만 꼼꼼히는 살펴보지 못했던 이 모든 이야기는 나와 상관없는 이야기가 아닌,
우리나라의 이야기야. 조금 더 깊은 관심을 가지고 이야기를 살펴보자~!

1882
임오군란

1884
갑신정변

1894
동학농민운동 청·일

1895
을미사변

1909
안중근 의거

1910
경술국치

1911
신민회 해체

1919
3·1 운동

1948
분단

1950
한국전쟁

시대별 연도 기간은 책 내용 기준임.

1863년
흥선대원군, 권력을 잡다

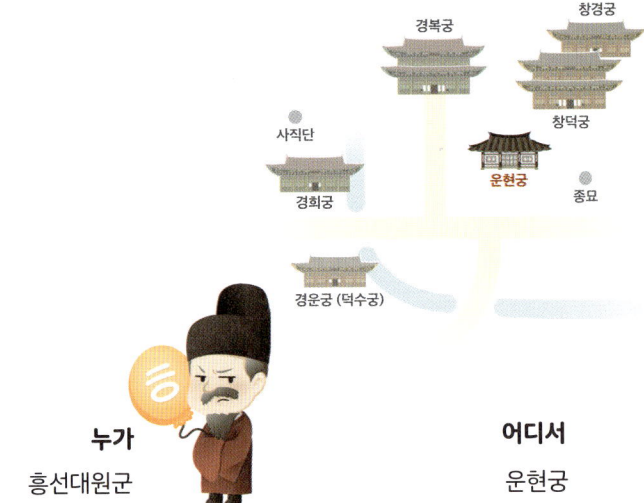

누가 흥선대원군

어디서 운현궁

1863년 조선 제25대 임금인 철종이 후사 없이 죽자, 그와 먼 친척뻘인 이하응의 둘째 아들이 조선의 26대 왕으로 등극하니 그가 바로 고종이야. 세도 가문은 왜 이하응의 아들을 왕으로 올렸을까? 상갓집에 가서 밥이나 얻어먹고 다니던 이하응이 바보인 줄 알았거든. 바보 이하응의 아들을 왕으로 만들어서 자신들의 꼭두각시로 삼을 생각이었지.

하지만 이하응은 세도 가문의 경계를 피하고자 오래도록 바보행세를 한 것뿐이었어. 그는 자기 아들이 왕으로 즉위하자마자 본색을 드러내고 힘을 행사하기 시작했지. 먼저 세도정치의 핵심을 이루던 최고기관 '비변사'를 없애고, 지방 양반들이 똘똘 뭉쳐 백성에게 피해를 주던 '서원'을 철폐했어. 그리고 양반들에게도 군포, 즉 세금을 내게 했으며, 임진왜란 때 불타버렸던 경복궁을 다시 멋지게 짓기도 했지.

이런 흥선대원군의 개혁은 효과가 있었단다. 그 기나길고 고통스러운 세도정치를 단박에 끝내버렸거든. 하지만 흥선대원군은 서원을 없애고 군포를 부담시키면서 양반들의 비난을, 경복궁을 다시 짓기 위해 더 많은 세금을 내고 심각한 물가 상승을 겪으며 강제 노역까지 해야 했던 백성들에게도 거센 반발을 받았단다.

☐ 운현궁 ☐ 대원군 ☐ 신정왕후 ☐ 당백전 ☐ 인플레이션

1. 링컨, 노예 해방 선언 (C.E. 1863)
2. 적십자 탄생 (C.E. 1864)

너희가 생각할 때 흥선대원군이 펼치기 가장 어려웠던 개혁정책은 무엇이었을 것 같니?

기억 UP! 고쌤의 상상스토리

12세에 왕이 된 고종을 등에 업은 **거인파더(아빠)(1863)** 흥선대원군은 숨겨왔던 검은 발톱을 드러내며 세도정치 세력들을 몰아내려고 하고 있네. 왼손엔 서원을 오른손엔 비변사를 콱! 움켜쥐고 부스러뜨리고 있어. 높을 고자를 쓰는 고종은 높은 곳에서 거인파더를 바라보기만 할 뿐 어떠한 힘도 쓰지 못하는 상황이야. 이 부자의 관계는 앞으로 어떻게 전개될까?

1863
거인파더
검은발톱

나는야
거인파더

너만의 이미지를 그려봐!

1 -
8 -
6 -
3 -

1866년
병인년, 프랑스가 쳐들어오다

누가 프랑스　　**어디서** 강화도

　서양의 함대들이 동양으로 침입하던 제국주의 시대, 흥선대원군은 북쪽에서 내려오는 러시아를 견제하기 위해 프랑스의 도움을 받으려 했어. 당시 조선에는 프랑스의 선교사가 들어와 천주교를 포교하고 있었거든. 대원군은 지방에서 선교 활동을 하던 선교사들에게 서울로 와 외교적인 도움을 달라고 요청했는데, 하필 이 신부님들이 늦게 도착하신 거야. 게다가 신부님들은 당연하게도 정치에 별 관심이 없던 분들이었지.

　자신의 도움 요청이 거절당하자 프랑스라는 나라 자체에 큰 반감을 품게 된 대원군은 당시 조선에 있던 프랑스 선교사 9명과 국내의 많은 천주교 신도들을 처형시켰어. 조선 땅에서 자신들의 국민이 죽었다는 소식을 들은 프랑스는 로즈 제독의 지휘로 중국 항구에 머물고 있던 함대를 몰고 와 강화도를 공격했지. 하지만 문수산성에서 한성근 장군이, 정족산성에서 양헌수 장군이 크게 활약한 덕분에 우리는 승리할 수 있었단다.

　그런데 문제는 프랑스가 퇴각하면서 강화도에 있던 금, 은과 우리나라 왕실 도서관인 외규장각에 보관되어 있던 의궤 및 중요한 문서들을 많이 훔쳐 가고 훼손했다는 거야. 프랑스 국립 리슐리외 도서관에 가면 세계에서 가장 오래된 금속 활자 서적인 '직지심체요절'을 아직도 보관 중이야… 참 안타까운 일이지?

　□ 문수산성　□ 정족산성　□ 의궤　□ 직지　□ 박병선　　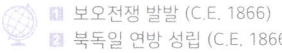　**1** 보오전쟁 발발 (C.E. 1866)
　2 북독일 연방 성립 (C.E. 1866)

　병인양요 당시에는 다른 나라의 물건을 약탈해 가도 죄를 묻지 않았어. 때문에 우리는 우리 유물들을 외국 박물관에서 접해야 할 때가 많지. 이를 다시 찾아올 수 있는 방법은 무엇이 있을까? 생각해서 적어보자!

기억 UP! 고쌤의 상상스토리

프랑스 병사들이 가져갔던 우리나라의 국보와 보물들은 아직도 프랑스 박물관에 많이 있어. 하지만 우리의 노력으로 의궤만은 영구임대라는 조건으로 모두 반환된 상태지. 그림 속 함께늘봄 대원들이 타임머신을 타고 병인양요의 현장으로 갔어. 저기 훗. 하며 웃고 있는 로즈제독과 병사들! 약탈의 현장을 지켜보는 우리는 이렇게 외칠 거야. "가져가지 마! 안돼! **군인바보!**(1866)"

1866 군인바보

1 -
8 -
6 -
6 -

너만의 이미지를 그려봐!

1871년
신미년, 미국이 쳐들어오다

누가 미국 **어디서** 강화도

1866년 미국의 상선 제너럴셔먼호가 평양 근처 대동강에서 불에 타 침몰하는 사건이 발생해. 이미 일본과의 교류에 성공했던 미국은 조선과도 교류하기 위해 전투함을 끌고 와 제너럴셔먼호 사건에 대한 조선의 사과와 상호 간 무역 등을 요구했지. 하지만 조선은 이를 모조리 다 거절해 버려.

결국, 1871년 미국은 다섯 척의 전투함을 몰고 강화도로 쳐들어왔고, 어재연 장군이 최선을 다해 수비했지만, 미군은 우리 군에 큰 피해를 주고 돌아갔어. 이후 흥선대원군은 척화론, 즉 '서양 오랑캐가 침입하는데 싸우지 않으면 화해를 하는 것이니, 화해를 주장하면 나라를 파는 것이 된다.'라는 의견을 더욱더 강하게 주장했고 이런 내용을 적은 척화비를 전국에 세웠단다.

이렇게 의지가 굳고 강력하던 흥선대원군이었으나, 1873년, 이제 고종이 성인이 되었으니 직접 정치를 하셔야 한다는 최익현의 상소로 섭정의 시대는 끝이 났어. 이후 흥선대원군이 직접 선택했던 며느리 명성황후는 고종과 함께 나라의 문을 열고 다른 나라와 교류하겠다는 개화 정책을 펴기 시작했지.

조선군 200명 이상의 전사자를 내고 대패한 '신미양요'의 참혹한 현장이야.

 ☐ 흑선사건 ☐ 박규수 ☐ 섭정(攝政)과 친정(親政) ☐ 미국남북전쟁

 ① 캐나다 연합 형성 (C.E 1867)
② 다이너마이트 개발 (C.E 1867)

 신미양요 당시 우리와 겨뤘던 미국이 지금은 우리의 동맹국이 되었어. 과연 미국은 신미양요 사건이 미안해서 우리를 돕는 것일까? 다른 이유가 있지는 않을까?

기억 UP! 고쌤의 상상스토리

신미양요가 일어났던 초지진 현장을 가보면 가끔 울컥할 때가 있어. 열악한 무기로 인해 우리는 제대로 된 전투를 할 수가 없었거든. 조선의 화포 사정거리는 700m, 미군의 화포는 2km. 미군들은 우리 쪽에서 쏘는 대포를 보며 콩알(18)을 쏘는 수군(71)들이라고 생각했을 거야. "낄낄낄. 저게 대포야? 조선은 콩알을 쏘네. 완전 **콩알수군(1871)**이구나~"

1871
콩알수군

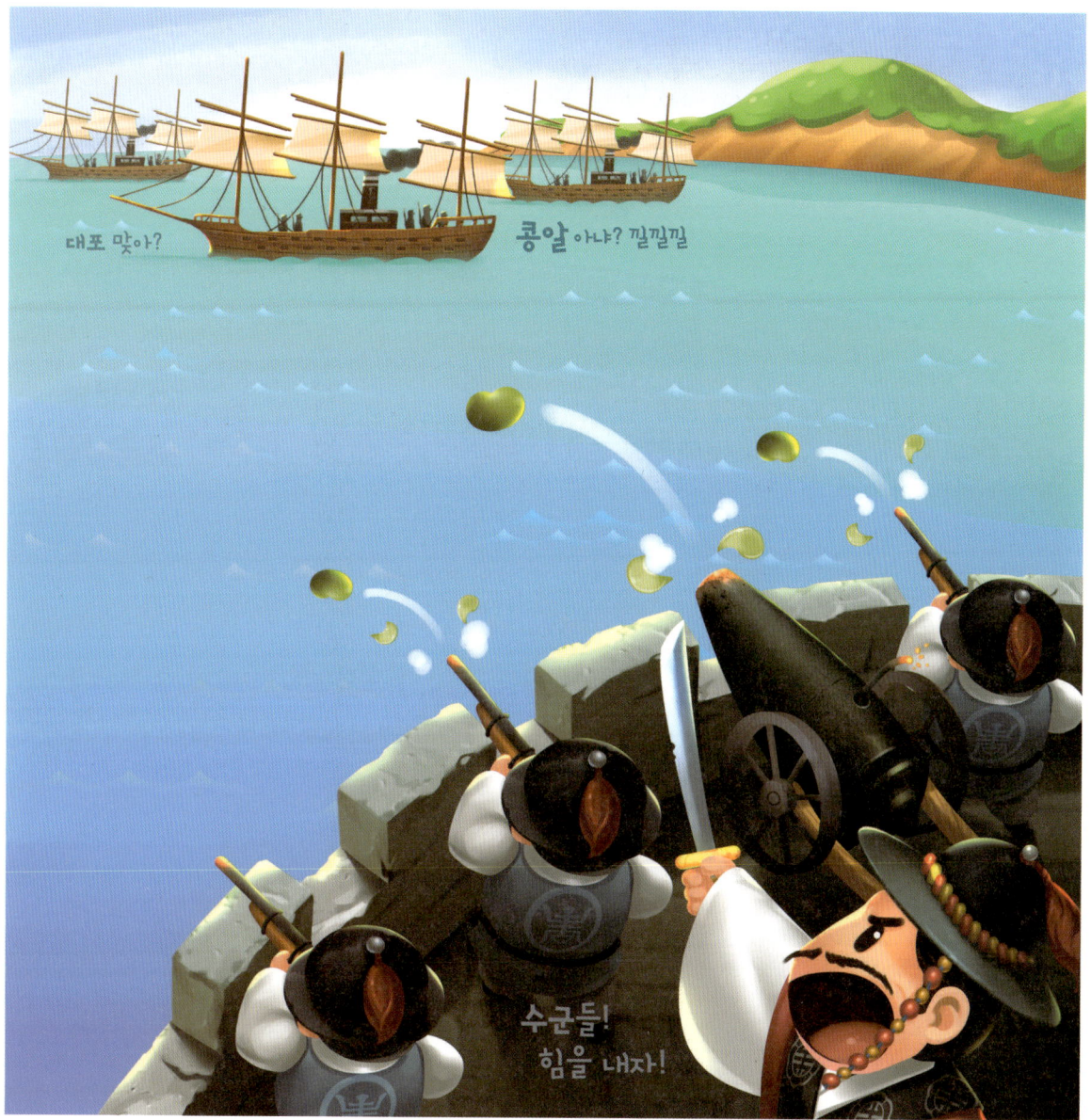

1 -
8 -
7 -
1 -

1876년
일본, 강화도 조약을 강요하다

누가 일본

어디서 강화도 연무당

1875년, 낯선 서양식 전투함 한 대가 강화도 앞바다에 나타났어. 조선의 바다로 들어오지 말라고 경고했지만 소용없었지. 우리가 방어를 위해 허공에 위협 사격을 하자, 이 배는 갑자기 방향을 옆으로 돌려 우리 쪽을 향해 엄청난 화포를 발사했단다. 이 배는 일본 소유의 운요호라는 배였어.

일본은 강화도에서 일어난 이 사건을 빌미로 삼아 1876년 강화도 조약을 맺자고 했어. 강화도 조약은 조선이 외국과 맺은 최초의 근대적 조약이자 불평등 조약이란다. 조선으로서는 전통적인 중국 중심의 '중화사상'에서 벗어나 모든 나라가 공유하는 '만국공법 질서' 아래 조약을 맺었기 때문에 근대적 조약이지만, 세부 조항은 불평등한 내용으로 가득했거든.

조약 제1관에는 조선과 일본이 동등하다고 쓰여있었어. 이는 조선의 자주권을 주장하며 청나라가 더는 조선에 간섭하지 못하도록 하기 위한 일본의 계략이었지. 그다음부터 조선은 일본에 항구를 열어준다, 일본인이 조선 땅에서 죄를 지으면 심판은 조선이 아닌 일본에서 한다와 같은 일본에만 유리한 조항들이 가득했단다.

수호조약 체결을 강요하는 일본군의 무력 시위 모습이야.

 ☐ 제국주의 ☐ 메이지유신 ☐ 대항해 시대

 ① 빅토리아 여왕, 인도의 황제 겸임 (C.E. 1876)
② 자유의 여신상 제조 시작 (C.E. 1876)

 불평등 조약을 맺은 조선과 일본을 동등한 위치에 있는 국가라고 할 수 있을까? 조선과 일본의 위치가 달라진 이유를 생각해서 적어보자.

고쌤의 상상스토리

강화도 조약은 최초의 근대적 조약이지만, 불평등 조약이었어. 1876에서 **1**은 **일본**이야. 고개를 빳빳이 들고 있지? 반면 기세등등한 일본과는 대조적으로 **8**모양의 **강화도 조약문**을 사이에 두고 공포적인 분위기에 허리 굽혀야만 했던 **조선**의 상황을 **7**로 나타냈어. 이런 상황에서 맺은 **약속**은 **6**이고 말이야. 새끼손가락을 봐. 당당한 표정의 일본과 고개를 숙인 조선 모습에 가슴이 아파.

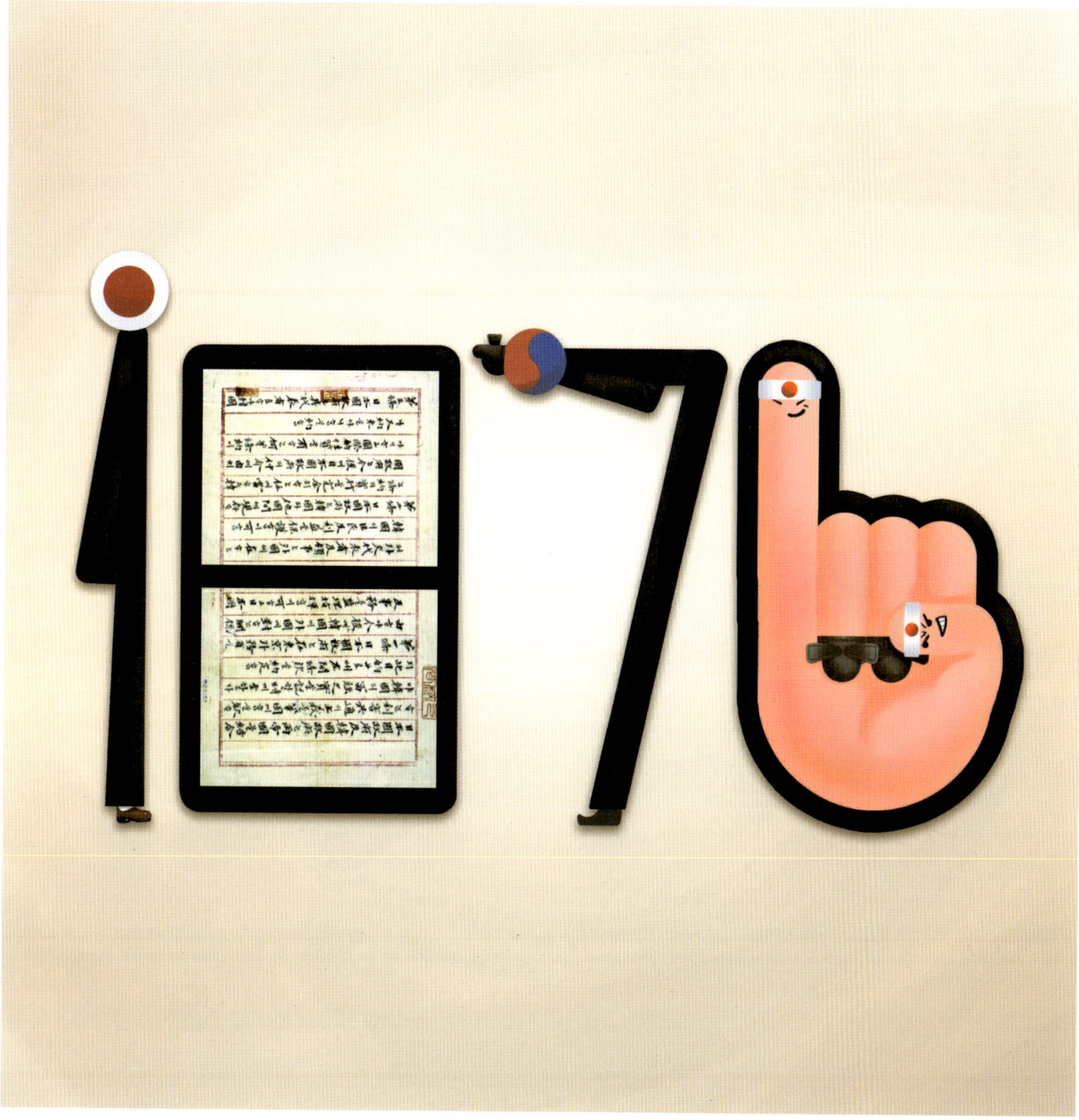

1876
형태변환

1 -
8 -
7 -
6 -

너만의 이미지를 그려봐!

1882년
임오년, 구식군대가 반란을 일으키다

누가 구식 군인
어디서 선혜청 (현재 서울 남창동)

　강화도 조약 이후, 조선은 일본인 군사교육 교관을 데려와 현대식 군대인 별기군을 훈련하며 나라의 힘을 강화하려고 했어. 그에 반해 기존의 구식 군인들에게는 월급도 제대로 주지 않았지. 1882년, 그들이 선혜청에서 일 년 만에 받은 월급은 쌀이었고, 심지어 그 쌀에는 쌀 껍데기와 겨, 모래 등이 섞여 있었어.

　폭발한 구식 군인들은 그 자리에서 모든 것을 뒤엎으며 자신들을 이렇게 대우한 높은 관리들과 명성황후를 처단하기 위해 출동했단다. 명성황후는 놀라 도망가고, 구식 군인들은 물러났던 흥선대원군을 다시 모셔와 정치를 맡아달라고 요청했지. 하지만 명성황후는 이 문제를 해결하기 위해 청나라에 도움을 요청했고, 청나라군의 개입으로 구식 군대의 반란은 끝이 났어. 이때 흥선대원군도 청나라로 납치당했고 말이야.

　이 사건으로 인해 일본은 조선에 있던 일본 공사관이 손해를 크게 입었다며 배상금을 청구했어. 다시 조선에 들어올 기회를 잡은 청나라 또한 조선을 쥐락펴락하는 권한을 더 많이 쥐고 싶어 했지. 조선을 지배하고자 하는 청과 일본의 욕심이 더욱 커지게 된 거야.

당시 신식군대 '별기군'의 모습이야.

 □ 선혜청 □ 민겸호 □ 여흥 민씨 □ 제물포조약

1 에디슨, 축음기 발명 (C.E. 1877)
2 에디슨, 최초로 직류전기 공급 (C.E. 1882)

 임오군란 당시 구식 군대에 줘야 했던 쌀들은 다 누구에게로 갔을까?

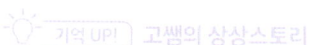

기억 UP! 고쌤의 상상스토리

임오군란은? **군인의난(1882)**! 임오군란은 차별받은 구식군인들이 일으킨 '군인의 난'이잖아. 기억하기 쉽지? 하지만 쉽게 풀어진 숫자변환이라고 해서 상상하는 과정을 뛰어넘으면 금세 잊어버리고 말 거야. 그러니 함께 상상해보자. 그림 속 군인들이 난을 일으키려고 와글와글 뛰어오는 모습을! "군인의난(1882)을 일으키러 가자!!"

1882 군인의난

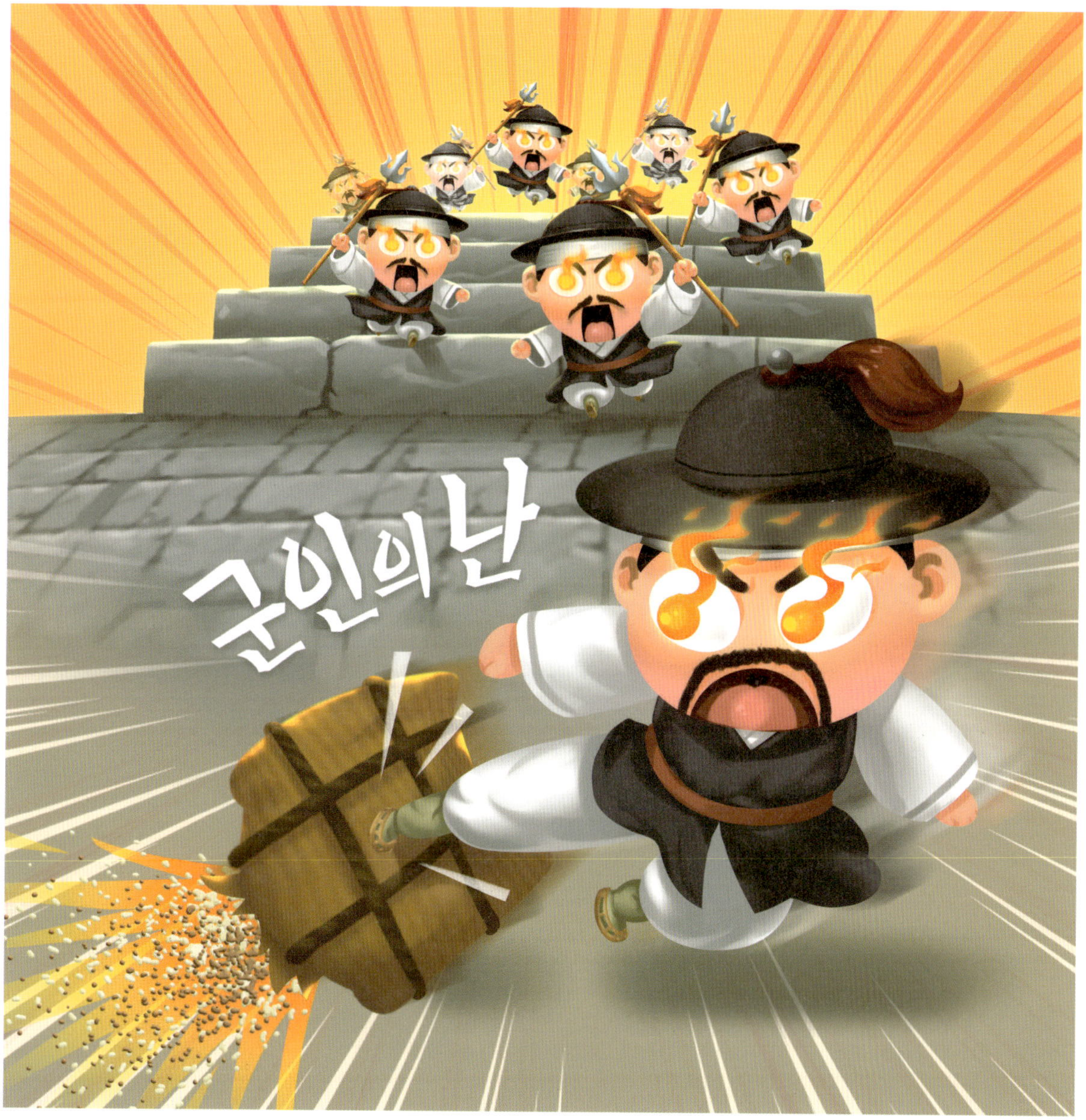

1 –
8 –
8 –
2 –

너만의 이미지를 그려봐!

1884년
갑신년, 김옥균의 삼일천하

누가 김옥균 **어디서** 창덕궁 일대

1873년 이후 흥선대원군 대신 명성황후 쪽 민씨 가문이 권력을 잡으면서 조선은 나라의 문을 열고 다른 나라와 교류하기 시작했어. 하지만 개화를 하려는 사람 중에도 서양의 기술만 받아들이자는 쪽과 서양의 제도와 문화까지 받아들이자는 쪽으로 의견이 나뉘었지. 명성황후는 서양의 기술만 받아들이기를 원했어. 그렇다면 당연히 반대편에서 불만이 생기겠지?

대표적인 인물은 급진개화파 김옥균이야. 김옥균은 정변을 일으켜서라도 서양의 제도와 문화를 받아들여야 한다고 생각했어. 그래서 갑신년(1884년) 12월 4일, 김옥균은 일본의 도움을 약속받아 민 씨 정권의 핵심 인물들을 살해하기 시작했지. 이를 갑신정변이라고 해. 하지만 고작 3일 만에 일본은 발을 쏙 뺐고, 청나라 군대가 투입되는 바람에 정변은 허무하게 진압되고 말았어.

이 사건으로 조선은 공사관 화재에 대한 수리비를 일본에 배상하고, 청나라에는 더욱 심한 간섭을 받게 돼. 계속해서 등장하는 일본과 청나라, 앞으로 이 두 나라는 조선을 두고 어떤 싸움을 벌이게 될까?

갑신정변이 일어났던 '우정총국'의 현재 모습이야.

 ☐ 14개조 정강 ☐ 김옥균 암살사건 ☐ 망명 ☐ 일제가 없앤 경우궁

 옥스포드, 인쇄 사전 출간 (C.E. 1884)
'허클베리 핀' 출간 (C.E. 1884)

 새로운 세상을 꿈꿨던 갑신정변은 3일 만에 실패했어. 이 정변에 성공하려면 어떻게 해야 했을지 네가 몇 가지만 조언해줄래?

기억 UP! 고쌤의 상상스토리

기와가 깨지듯, 어떤 조직이나 계획이 와르르 무너지는 걸 와해라고 해. 바로 그 예가 갑신정변이지. 엘리트 열혈 청년들이 조직했던 급진 개화파가 조정과 청나라에 의해 진압되며 죽거나 도망가는 등 사흘 만에 **거의와해(1884)** 되었잖아. 그림 속에 와르르 무너지는 기와와 함께 갑신정변 세력도 와해되고 있다. 거의와해! (1884)

1884 거의와해

1 -
8 -
8 -
4 -

너만의 이미지를 그려봐!

1894년
갑오년, 동학이 폭발하고 청일이 전쟁하다

동학농민운동 전투
- 전주성 점령 (1894.4)
- 전주화약 (1894.5)
- 고부농민봉기 (1894.1)
- 황보현 전투 (1894.4)
- 1차봉기 (1894.3)
- 전라도

누가 전봉준

어디서 전라도 고부, 전주

1894년은 혼란스러운 해였어. 나쁜 관리들은 멈추지 않고 가난한 백성을 수탈했고, 지칠 대로 지친 동학교도들은 농민들과 함께 반란을 일으켜 전라도에서 가장 큰 전주성을 점령해버렸지. 이대로는 안 되겠다 싶어진 조선은 청나라에 군대를 요청했어.

하지만 일본과 청나라는 한쪽 나라의 군대가 조선에 들어가면 상대국에게 군대 파병 사실을 알리도록 한 '톈진조약'을 맺은 상태여서, 청나라 군대가 진입하자마자 일본 군대도 조선으로 함께 들어오게 됐어.

양국 군대의 진입 소식을 들은 동학 농민군은 서둘러 조선 정부와 '전주화약'을 맺었단다. 하지만 동학농민운동이 종료된 후에도 청과 일본은 조선에서 물러날 기미를 보이지 않았지. 결국, 누가 조선의 지배권을 쥘 것인가를 두고 양국 사이에 전쟁이 일어났어. 우리 조선 땅에서 청과 일본이 전쟁하다니 황당한 일이지? 이에 전주화약으로 조선 정부와 화해했던 동학 농민군은, 일본을 쫓아내기 위해 다시 일어났어.

하지만 일본은 동학 농민군과 청나라를 모두 제압하고 조선에 갑오개혁을 요구했어. 이를 통해 과거제와 신분제를 없애는 등 근대적인 정책을 펼쳤지만, 그 내용 아래 조선을 조종하고자 하는 일본의 의도가 깔려있어 오히려 조선에는 먹구름이 드리워졌지.

검색톡톡
☐ 갑오개혁 ☐ 군국기무처 ☐ 교조 신원 운동 ☐ 고부 농민봉기

- 에펠탑 완공 (C.E. 1889)
- 고흐, 별이 빛나는 밤 완성 (C.E. 1889)

생각통통
조선 정부가 도움을 요청하자 청은 선뜻 군대를 보내왔어. 청나라가 군대를 보내준 진짜 이유는 무엇일까?

기억 UP! 고쌤의 상상스토리

앞에 선 전봉준에게 **같이지휘**(1894) 받으며 동학을 믿는 농민들이 부정 부패한 관료들을 몰아낼 준비를 하고 있어. 같이하자며 농민들을 지휘하는 전봉준의 솜씨가 어때 보이니? 점점 커지는 동학농민운동의 세력을 진압하지 못한 정부는 결국 청나라를 끌어들였고, 이에 일본 또한 조선에 들어오며 청일전쟁이 일어나게 되었지. **거의지뢰**(1894)를 밟은 것처럼 여기저기 난리구나.

1894
같이지휘
거의지뢰

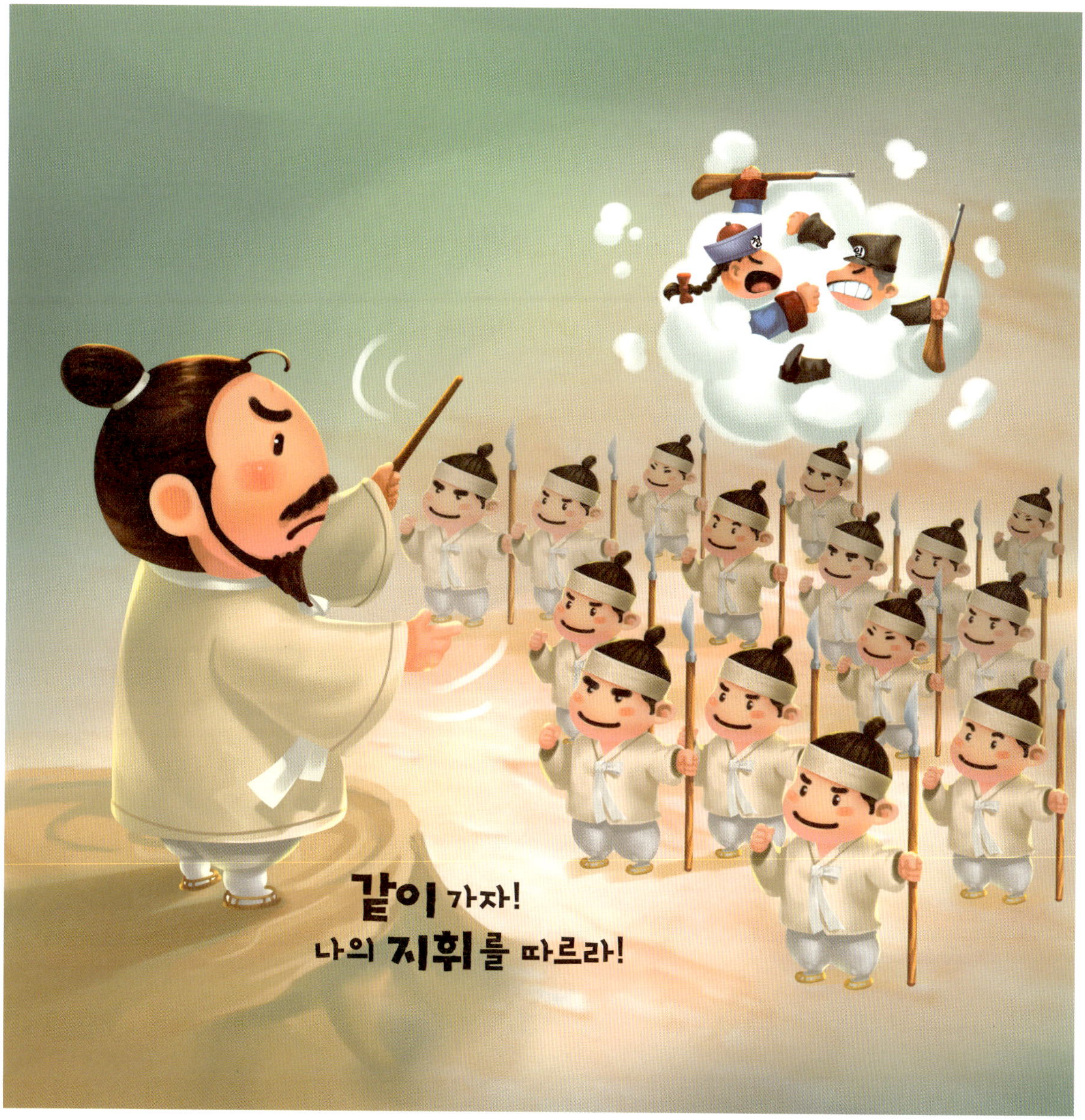

같이 가자!
나의 지휘를 따르라!

1 -
8 -
9 -
4 -

1895년
을미년, 명성황후가 시해되다

누가: 명성황후
어디서: 경복궁 내 건청궁

청일전쟁에서 이긴 일본의 간섭이 더 강하게 조선을 압박하자, 명성황후는 러시아의 세력을 빌려 일본을 견제하고자 했어. 이에 일본은 1895년, '여우사냥' 작전을 실행하지. '여우'는 명성황후를 뜻하며, '사냥'은 조선의 국모를 경복궁에서 없애겠다는 의미였고, 작전명대로 일본은 경복궁 내 건청궁에서 명성황후를 시해한 후 시체를 모두 불에 태웠어. 허무하고 가슴이 아픈 일이 일어난 거야.

그 모든 사건을 직접 겪은 고종은 경복궁에 머물지 않고, 당시 조선과 좋은 관계를 유지하고 있던 러시아의 공사관으로 몸을 피하였어. (아관파천)

그로부터 1년 후, 1897년. 고종은 현재 서울 시청 건너편에 경운궁(현 덕수궁)을 짓고, 러시아공사관에서 돌아와 자주 독립국을 향한 마지막 희망을 품은 채 조선을 '대한제국'으로, 왕을 황제로 높여 칭했단다. 앞으로 대한제국의 역사는 어떻게 흘러가게 될까?

명성황후가 시해되고, 시신이 불태워진 '건청궁'의 모습이야.

검색 톡톡: □ 삼국간섭 □ 홍범14조 □ 환구단 □ 사바친

- 배구 시작 (C.E. 1895)
- 뢴트겐 X-선 발견 (C.E. 1895)

생각 통통: 아무리 약소국의 왕비라 할지라도, 한 나라의 왕비를 시해하는 일은 쉽게 벌일 수 있는 행동이 아니야. 일본은 왜 이렇게까지 했을까?

기억 UP! 고쌤의 상상스토리

우리는 보통은 죽음을 표현할 때 '검은색'을 사용해. 또한, 여왕이나 왕비처럼 신분이 높은 여성을 표현할 때 꽃의 여왕 '장미'를 쓰고는 하지. 그래서 을미사변 사건을 **검은장미(1895)**로 표현해봤어. 검은 장미 안에서 죽음을 맞이하는 명성황후의 모습을 상상해봐.

1895
검은장미

너만의 이미지를 그려봐!

1 -
8 -
9 -
5 -

1898년
독립협회, 만민 공동회를 열다

누가 서재필

어디서 한성 종로일대

만민 공동회는 1897년 초 조선에서 대한제국으로 넘어가는 시기, 독립협회의 서재필, 윤치호 등이 모여 시작한 시민사회단체야. 1898년 4월부터는 독립협회에 의지하지 않고 스스로 설 수 있는 단체로 성장해갔어. 그들은 종로 일대에서 만민 공동회를 개최한 뒤 다양한 계급, 다양한 직업, 정부와 백성 측 사람들의 의견을 듣고 우리나라가 자주국으로 힘 있게 성장할 방법에 대해 의논했어.

그러다가 1898년이 되며 러시아, 프랑스의 제국주의 침략에 반대하는 운동을 펼치며, 독립협회의 영향력에서 벗어나 독자적인 활동을 하기 시작해. 하지만 독립협회가 황제의 힘을 약화하려 황제가 아닌 총리가 국가를 실질적으로 이끌어야 한다는 내용의 익명서를 도성 곳곳에 내붙였단 소문을 듣고 고종은 독립협회는 물론, 독립협회와 그동안 조금이라도 연이 닿았던 모든 단체를 해산 시켜 버렸어. 만민 공동회 역시 독립협회의 영향력에서 완전히 벗어나지 못했다는 이유로 폐지되었지.

자주 국가로 나아가겠다는 뜻을 담아 건립한 '독립문'의 모습이야.

 □ 헌의6조 □ 황국협회 □ 관민공동회 □ 영은문

1 올림픽 부활 (C.E. 1896)
2 미국, 하와이 합병 (C.E. 1898)

 그 당시 만민 공동회가 사람들에게 끼친 좋은 영향력은 무엇이 있을까?

기억 UP! 고쌤의 상상스토리

만민 공동회의 목적은 백성들의 정신을 깨우고, 자유롭게 의사를 표현하는 민주적 변화를 일으키는 데 있었지. **깨움자유!(1898)** 그래서 거울로 진정한 나를 인지하고, 종이에 자유로운 의견을 쓸 수 있는 사람이 되자며 종로 네거리 백목집 2층 다락방에서 연설하는 현덕호의 모습을 상상해봤어. **거울종이! (1898)** 백목 : 잣나무의 다른 말

1898 거울종이 깨움자유

1 -
8 -
9 -
8 -

너만의 이미지를 그려봐!

1904년 러·일, 조선을 놓고 다투다

★ 러·일전쟁 격전지

- 봉천전투 (1905.3) — 봉천
- 압록강전투 (1904.5) — 의주
- 일본, 뤼순항공격 (1904.2) — 뤼순(여순)
- 일본, 발트함대 격파 (1905.5)
- ◎ 한성

누가 러시아, 일본
어디서 한반도 주변

러시아는 추운 나라야. 추위에 항구의 물이 얼어버리면 배가 다닐 수 없겠지? 러시아는 얼지 않는 항구를 찾아 따뜻한 남쪽으로 내려오고 싶어 했어. 이에 반해 일본은 섬나라야. 섬나라는 방어에 유리하다는 장점이 있지만, 대륙으로 뻗어 나갈 전진 기지가 필요하다는 단점도 있지. 양국은 각자의 이유로 조선을 원하고 있었고 결국 1904년, 러시아와 일본이 대한제국을 놓고 격돌했단다.

일본은 우선 러·일 전쟁의 군사기지를 대한제국으로 삼기 위해 기습적으로 대한제국의 수도인 한성(한양)을 점령하고 1차 한일의정서를 체결했단다. 이후 벌어진 러·일 전쟁에서 일본이 승리하며, 일본은 대한제국에 가장 강한 영향력을 행사할 수 있게 되었어.

러·일전쟁에 얽힌 일본, 대한제국, 러시아의 모습을 담은 삽화야.

러·일전쟁 시 일어났던 해전의 모습 중 하나야.

검색 톡톡
☐ 독도 강제 편입 ☐ 쿠릴열도 문제 ☐ 발틱 함대 ☐ 피의 일요일

1. 노벨상 제정 (C.E. 1901)
2. 라이트 형제, 첫 비행 (C.E. 1901)

생각 통통
당시 러시아와 일본의 군사력은 어느 정도였을까? 정보를 찾아 비교해보자.

고쌤의 상상스토리

서로 머리를 밀며 힘겨루기를 하는 러시아와 일본. 이 두 나라는 조선에 눈독을 들이며 침을 질질 흘리고 있어. 정당한 이유 없이 국제침략을 위해 전쟁을 벌이는 거야. 그래서 러·일전쟁의 키워드는 **국제침략(1904)**으로 정해보았어. 일본이 등 뒤에 숨겨둔 비장의 무기, 독이 묻은 '침'이 보이니? 침을 흘리며, 침을 들고 있는 모습을 생각하면 침략이라는 단어가 더 잘 떠오를 거야.

1904
국제침략

1 -
9 -
0 -
4 -

너만의 이미지를 그려봐!

1905년 을사년, 외교권을 뺏기다

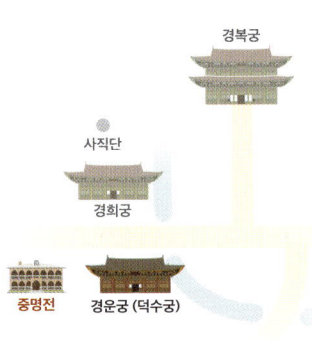

누가 고종, 이토 히로부미

어디서 경운궁 (덕수궁) 중명전

러·일전쟁에서 승리한 후 일본은 한반도를 완전하게 지배하기 위해 발 빠르게 움직였어. 1905년인 을사년 11월, 일본은 대한제국의 주권 중 하나인 외교권, 즉 우리나라가 외국과 직접 교섭할 수 있는 권리를 빼앗으려 했지.

고종은 끝까지 이를 거부했지만, 을사오적이라 불리는 다섯 대신이 경운궁(덕수궁)의 중명전에서 고종의 동의 없이 조약서에 서명하고 우리의 외교권을 넘겨버렸단다.

황제의 동의가 없는 조약이라니, 이는 명백한 불법이야. 그래서 우리는 이를 불법적으로 맺어진 조약이라 하여 을사늑약이라고 불러. 늑약 체결 소식을 들은 많은 국민이 분노하여 항일 의병운동을 일으키거나, 자결하기도 했어. 정말 가슴 아픈 일이지.

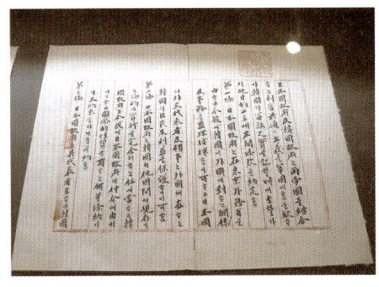

대한제국 황제의 직인이 없는 '을사늑약'의 전문이야.

을사늑약이 체결된 '중명전'의 현재 모습이야.

검색 톡톡
☐ 통감부 ☐ 중명전 ☐ 일진회 ☐ 시일야방성대곡 ☐ 민영환자결

러시아 피의 일요일 (C.E. 1905)
상대성 이론 발표 (C.E. 1905)

생각 통통
대한제국에서 조약을 맺을 수 있는 사람은 제국의 주인인 고종뿐이야. 그런데 어떻게 고종이 반대하는 을사늑약이 맺어질 수 있었을까?

기억 UP! 고쌤의 상상스토리

자신만의 안위와 권력을 위해 거짓된 행동을 하고, 바른 의견 앞에는 쉿! 침묵을 행사한 '을사오적'들. 을사늑약은 을사오적들의 **거짓침묵(1905)**으로 이뤄진 조약이야. 나라를 팔아넘긴 이들의 얼굴을 잊지 말자고. 그 앞에서 잔뜩 찡그린 채 '곤장'을 들고 있는 사람과, 찬물을 끼얹는 사람 보이지? 거짓 침묵에 반성하라며 을사오적을 혼내주는 우리 백성들이야.

1905 거짓침묵
곤장찬물

곤장과 찬물로 정신 차려라!

너만의 이미지를 그려봐!

1 -
9 -
0 -
5 -

1907년 정미년, 일본이 옥죄어 오다

누가 이완용　　**어디서** 덕수궁 (경운궁)

　　을사늑약이 있고 난 후 고종황제는 가만히 있을 수가 없었어. 그래서 굳게 믿는 세 명의 신하들에게 머나먼 나라 네덜란드에서 열리는 만국평화회의에 가서 을사늑약의 부당함을 알리도록 명령했어. 하지만 서양의 열강들은 동양의 작은 나라 대한제국의 호소를 귀 기울여 듣지 않았고, 이 계획은 안타깝게도 실패했단다.

　　이후 일본은 이 일을 구실 삼아 을사오적 중 한 명이었던 이완용을 앞세워 1907년, 조선 통감부를 설치한 뒤 대한제국에 관련된 모든 일을 주관하겠다는 정미7조약을 발표했어. 일본은 여기서 멈추지 않고 대한제국의 군대를 모두 해산시켰으며, 고종황제를 강제로 퇴위시킨 후 그를 보호한다는 명목 아래 덕수궁(경운궁)에 모셔둔 채 철저하게 감시했어.

　　이에 대부분의 국민은 분노하며 이곳저곳에서 의병운동을 일으켰단다. 우리나라의 지식인들은 함께 모여서 민족계몽 운동을 위한 '신민회'라는 단체를 만들었고, 나라의 힘을 강화하기 위해 교육과 무장 투쟁을 함께 강조했어. 국민 사이에서는 국채보상운동도 일어났는데, 일본이 강제로 대한제국에 돈을 빌려주고는 높은 이자로 갚게 하니 온 국민이 국가 빚을 조금씩 함께 갚기 시작한 거야. 이 국채보상운동은 우리 민족이 하나 되는 힘을 보여준 사례라고 할 수 있어.

 ☐ 헤이그 특사　☐ 정미 7조약　☐ 정미의병

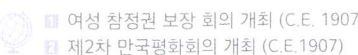
① 여성 참정권 보장 회의 개최 (C.E. 1907)
② 제2차 만국평화회의 개최 (C.E.1907)

 이완용은 친일파의 대명사야. 너희가 생각하는 친일파의 기준은 무엇이니?

기억 UP! 고쌤의 상상스토리

1907년은 참 다사다난한 해였어. 을사늑약의 무효를 주장한 **고종친서(1907)**를 헤이그에 보내고, 일본에 진 빚을 갚기 위해 백성들이 **가장찬성(1907)**했던 국채보상이 일어났던 해거든. 또한, 일본이 **강제총성(1907)**을 울리며 우리 군대를 강제로 해산시킨 해이기도 해. 동양의 수호천사라며 등장한 일본은 **거짓천사(1907)**가 분명한 것 같지?

1907 거짓천사

1 -
9 -
0 -
7 -

너만의 이미지를 그려봐!

1909년
안중근, 이토를 죽이다

누가 안중근　　**어디서** 하얼빈역

의로울 의(義), 선비 사(士). 의로운 일을 하는 사람! 안중근 의사에 대해 함께 알아볼까?

일제의 탄압이 점차 심해지던 때, 국내에서 적극적인 독립운동이 어렵다고 판단한 안중근 의사는 군인의 신분으로 만주와 연해주, 간도 등지에서 일본에 맞서 싸우고 있었어. 한 번은 일본군 포로를 만국공법에 따라 의롭게 석방해 준 적이 있었는데 이 일로 그는 동료들의 신임을 잃었고, 함께 하던 의병이 해체되기도 했었지.

이후 그는 자신과 뜻이 맞는 동지 11명과 함께 동의 단지회를 결성하고, 항일 운동에 목숨을 다 바치기로 다짐했어.

1909년 10월 26일, 이토 히로부미가 러시아와의 회담을 위해 하얼빈역에 도착했어. 이 소식을 미리 듣고 역에서 준비하고 있던 안중근은 세 발의 총격을 가해 그를 죽이는 데 성공했지. 뤼순 감옥에서 당당하게 이토를 죽인 이유 15가지를 낭독해 일본인들을 경악에 빠트리게 한 장본인, 안중근 의사는 1910년 2월 14일 사형 선고를 받고 약 한 달 후인 3월 26일, 총살을 당해 순국하셨어. 그리고 이 엄청난 사건 이후 반년도 채 지나지 않아 우리는 일본에 나라를 완전히 빼앗기고 말았단다.

안중근 의사의 '손도장(수인)'이야.

 ☐ 밀정　☐ 안중근 가묘　☐ 동양평화론　☐ 5대 항일가문

 라디오에 첫 상업광고 (C.E. 1908)
포드사, 자가용 판매 계획 (C.E. 1908)

 일본이 우리나라를 지배하려 했을 때 안중근과 이완용은 정반대의 선택을 했어. 우리는 이 둘 중 안중근을 영웅이라고 표현해. 너희가 생각하는 영웅이란 무엇이니?

 고샘의 상상스토리

삼엄한 경비를 뚫고 들어간 하얼빈역사에 안중근이 이토에게 근접(19)해서 총질(09)하고 있어. **근접총질!(1909)** 안중근이 이토에게 총질을 한 건 개인적 감정 때문이 아니라 그를 동양평화의 원흉으로 생각했기 때문이야. 대대로 장군의 피가 흘렀다는 안중근 가문의 영향 때문인지 안중근의 총알은 이토에게 정확히 맞았고, 이토는 쓰러진 뒤 얼마 안 돼 죽음을 맞이했어.

1909 근접총질

근접하여 총질한다. 탕탕!

1 -
9 -
0 -
9 -

너만의 이미지를 그려봐!

1910년
경술년, 나라를 빼앗기다

누가 이완용

어디서 창덕궁 흥복헌

1876년 강화도조약을 시작으로 일본은 34년이라는 긴 시간 동안 조선과 대한제국을 야금야금 잡아먹었어. 앞에서 살펴보았던 강화도 조약, 을미사변, 한일의정서, 을사늑약, 정미7조약 등을 통해 완벽하게 우리나라의 주권을 빼앗아 식민지화에 성공했다고 확신이 들자 일본은 1910년 경술년 8월 29일에 공식적으로 일본과 한국이 병합되었음을 선포했지.

이 선포 뒤에는 예상할 수 있듯이 일본과 친일 세력들의 강제적 압박이 있었어. 일본 통감부는 대표적 친일파인 이완용에게 병합의 완성을 일임했고, 이에 이완용은 황후의 숙부였던 윤덕영에게 조작된 병합서를 들고 가 어보를 찍게 하였지. 이후 그는 순종을 찾아가 조약서에 친필 서명을 하라고 협박했어. 하지만 당연히 순종은 허락하지 않았고 이완용과 윤덕영은 황제 몰래 어보를 찍고 황제의 이름인 이척을 새겨 넣어 일본의 통감에게 전달했지.

이렇게 우리는 나라를 빼앗기고 말았어. 우리나라 역사상 가장 치욕스러운 일이 일어났던, 가슴 아픈 해였기에 우리는 1910년을 '경술국치'의 해라고 부르기도 한단다.

일장기가 걸린 경복궁 '근정전'의 모습이야.

□ 흥복헌   □ 한일 강제 병합   □ 조선총독부   □ 국권상실

- 중국, 노예제도 폐지 (C.E. 1910)
- 미국에서 보이스카우트 발족 (C.E. 1910)

1910년 8월 29일은 우리나라의 치욕스러운 날이야. 하지만 일본 학생들은 같은 날을 어떻게 배우고 있을까?

기억 UP! 고쌤의 상상스토리

경술년에 일어난 한일 강제 병합사건. 이 사건은 가장 국가의 치욕스러운 사건이니 우리는 잊지 말아야 해. 나라가 강제 병합되었다는 소식에 모두 고개를 숙이고 슬퍼하고 있어. 노인, 청년, 왕, 학생, 군인 너나 할 것 없이 머리를 떨구고 눈물을 흘리나 봐. 하지만 동시에 주먹을 불끈 쥐고 **가장 국치(1910)**인 이날을 잊지 않고 '우리나라를 반드시 되찾겠다'며 마음을 굳게 먹었을 거야.

1910 가장국치

1 -
9 -
1 -
0 -

너만의 이미지를 그려봐!

1911년 신민회, 105인 사건으로 해체되다

누가 안창호

어디서 서대문형무소

1910년, 안중근의 사촌 동생 안명근이 비밀리에 독립 자금을 모아 군사교육 기관을 세우려다 체포되는 일이 있었어. 일제는 1911년, 이를 확대, 날조하여 안명근과 관련된 사람 160여 명에게 일제 총독 데라우치를 암살할 계획을 품고 있다는 누명을 씌우고 체포했지.

이때 그 지역 신민회원들도 함께 연루되어 123명이 기소되었고, 105명의 사람이 모두 유죄 판결을 받아 서대문형무소에 갇히기도 했단다. 이를 우리는 105인 사건으로 불러. 회원 대다수가 체포된 신민회는 해체되고 말았어.

105인 사건의 주요 인물들 대다수는 서대문형무소에서 2년여간 끔찍한 고문을 당했어. 당시 서대문형무소는 일제의 식민 지배 통치를 보다 효율적으로 수행하기 위해 만들어진 탄압 기구로, 일제는 이곳을 통해 한민족의 항일 독립운동을 억압하고 말살하려고 했지. 하지만 온갖 고난을 극복한 이후 애국지사들은 불굴의 투지로 저항하여 항일 민족 운동에 더욱 앞장섰고, 1919년 3·1 운동에 적극적으로 참여하며 훗날 임시정부를 수립하는 데 결정적인 역할을 했어.

105인 사건으로 체포되는 신민회원들의 모습이야.

 □ 대성학교 □ 순흥 안씨 가문

 신해혁명 발발, 중화민국 건국 (C.E. 1911)
아문센, 최초로 남극점 도달 (C.E. 1911)

 민족 지도자들이 대거 속해있던 신민회가 해체된 이후, 우리 땅은 독립운동을 하기 힘든 환경이 되었어. 이 사건을 기점으로 우리 독립운동 장소가 어디로 이동했는지 찾아 적어볼까?

> 기억 UP! 고쌤의 상상스토리

거짓 음모로 많은 사람을 감금시켰던 105인 사건이야. **거짓감금(1911)** 긴 줄 행렬 속에서 간장을 거르는 도구인 용수를 뒤집어쓰고 캄캄한 시간을 지나 서대문형무소에 갇혔던 억울한 사람들. **긴줄캄캄!(1911)** 이 그림 속에는 형태변환도 함께 녹여두었어. 용수를 쓰고 끌려가는 사람들의 모습이 꼭 숫자 1911 모양 같지? 중간 9는 고문으로 허리가 굽은 사람을 상상했단다.

1911
형태변환

거짓구금..

긴 줄.. 캄캄해..

1 -
9 -
1 -
1 -

너만의 이미지를 그려봐!

1919년
3월 1일, 만세를 외치다

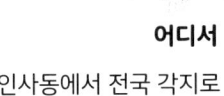

누가
유관순

어디서
인사동에서 전국 각지로

1919년 고종 황제가 68세의 나이로 갑자기 승하하셨어. 온 나라가 발칵 뒤집혔단다. 분명 배후에 일본이 있으리라 생각한 거지.

각 종교 지도자들이 모여 황제의 장례일인 3월 3일 월요일에 맞춰 전국적인 평화 시위를 계획했어. 하지만 천도교에서는 장례식 날에 대규모 인파가 황제 가시는 길을 막는 것은 옳지 않다며 3월 2일에 진행하자고 주장했고, 기독교에서는 3월 2일이 일요일이라며 종교적인 이유로 반대 의사를 밝혔지. 결국, 만세 시위 운동은 3월 1일로 결정되었어. 365일 중 하필 3월 1일에 만세운동이 일어난 이유, 이제 알겠지?

3월 1일, 33명의 민족대표는 태화관이라는 식당에서 독립선언서를 읽었고, 탑골공원 앞에서는 중학생 이상의 학생 4,000~5,000명이 함께 모여 누가 먼저라고 할 것도 없이 만세를 외치며 종로를 지나 덕수궁으로 향하기 시작했어.

3·1 운동이라고 해서 3월 1일 하루만 진행했다고 생각하면 안 돼. 이후 수개월에 걸쳐 전국 각지에서 조국 독립을 외치며 대대적인 만세 운동이 펼쳐졌으니까. 그 결과 조직적이고 체계적인 독립운동을 할 수 있는 대한민국 임시정부가 세워졌단다. 온 국민의 용기와 희생을 모아 만들어낸 역사적 사건이지.

☐ 여성 독립운동가   ☐ 중국 5.4 운동   ☐ 간디 소금행진

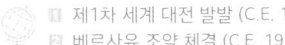
📜 제1차 세계 대전 발발 (C.E. 1914)
📜 베르사유 조약 체결 (C.E. 1919)

3·1 운동은 전 세계적으로도 매우 유명한 운동이었어. 이 운동이 우리나라와 다른 나라에 미친 영향력을 찾아 하나씩만 적어볼까?

기억 UP! 고쌤의 상상스토리

비폭력 저항 운동으로 전 세계를 놀라게 한 3.1 운동. 가슴속 태극기를 꺼내 들고 일제히 대한 독립 만세! 하며 여기저기 외치고 있어. 여러 날에 걸친 독립운동의 그 날은, 여기저기 독립을 위해 일제의 총검에도 두려워하지 않고 나갔던 사람들의 만세 소리로 가득해. 가자가자! 대한독립 그날을 위해. **가자가자(1919)**

1919
가자가자

1 -
9 -
1 -
9 -

너만의 이미지를 그려봐!

1920년
봉오동과 청산리, 대승을 거두다

누가
홍범도, 김좌진

어디서
중국 봉오동, 청산리

경술국치와 3·1 운동 이후, 우리나라에서는 독립운동을 하기 어려워졌어. 그렇다고 해서 독립운동을 멈췄느냐? 절대 아니지! 독립군들은 만주나 연해주로 이주해서 독립 투쟁을 준비했고, 1919년 3·1 운동을 계기로 본격적인 일본에 대한 독립 전쟁을 시작했어.

그중 대표적인 것이 봉오동 전투와 청산리 전투야. 먼저 홍범도 장군 휘하의 독립군이 봉오동에서 일본군을 급습해 157명을 사살했고, 이는 우리 독립군 전체의 사기를 끌어 올리는 중요한 계기가 되었어. 이후 홍범도 장군의 군대는 김좌진 장군이 이끌던 군대와 청산리에서 합류하여, 비록 60명의 전사자를 냈으나 1,200여 명의 일본군을 사살하는 큰 성과를 올렸지.

하지만 이에 대한 보복으로 일본은 간도에 사는 한인 마을을 불태우는 등 우리 동포를 잔혹하게 괴롭혔고, 어쩔 수 없이 우리 독립군은 더 북쪽으로 올라가 러시아로 이동하게 되었단다.

영화 '봉오동 전투'의 한 장면이야.

 □ 간도 참변 □ 자유시 참변 □ 청산리 전투 논쟁

 1 영국령 팔레스타인 건국 (C.E. 1920)
2 간디, 비폭력 운동 주장 (C.E. 1920)

 광복 이후, 홍범도 장군은 여생을 카자흐스탄의 영화관 관리인으로 일했다고 해. 나라를 되찾은 우리는 독립운동가들을 어떻게 대우해드려야 할까? 현실적인 제안 3가지를 적어보자.

기억 UP! 고쌤의 상상스토리

당시 일본은 화력이 센 근대식 무기와도 같았지. 그림 속 왼쪽의 김좌진 장군과 오른쪽의 붉은 호랑이, 홍범도 장군이 그 총을 빠지직 부러뜨리고 있어. 우리의 자랑스러운 독립운동가들 덕분에 기세등등했던 일본은 **고장난총(1920)**이 되어버렸지 뭐야. 통쾌한 승리를 거두었던 봉오동과 청산리 대첩을 어떤 이미지로 표현했는지 찾아보는 것도 재미있을 거야.

1920 고장난총

고장난 총 같은 일본!

너만의 이미지를 그려봐!

1 -
9 -
2 -
0 -

1929년 광주학생운동, 전국으로 퍼지다

누가 학생들

어디서 광주에서 전국으로

1929년 10월 30일, 광주 시내에서 일본 남학생들이 조선 여학생들을 희롱하자 일본과 조선 남학생들 사이에 싸움이 벌어졌어. 그런데 사건 처리 과정에서 경찰의 도움을 받은 일본 학생들과 달리, 조선 학생들은 무거운 처벌을 받게 된 거야. 조선 학생들은 이에 대해 항의했지만 아무 소용이 없었어.

이 사실이 알려지자 11월 3일부터 광주지방의 조선 학생들이 모두 들고일어났어. 더불어 민족운동 단체인 신간회가 학생운동을 지원하면서 항일운동이 전국적으로 퍼져 나가기 시작했지. 이 광주학생독립운동은 3·1 운동 이후 가장 규모가 큰 독립운동이었단다.

이때 일본 대학으로 유학을 갔다가 퇴학을 당하고 광주지역에서 비밀결사단체로 활동 중이던 장재성은 항일 학생 비밀 결사 '성진회'를 조직하고 이끌었어. 성진회 학생들의 마음가짐은 다음과 같았어. '우리의 적은 일본 중학생이 아니라 일본 제국주의다!' 이 문장만 보아도 우리가 광주학생운동을 왜 항일운동이라 부르는지 알겠지?

사건의 도화선이 된 '박기옥'과 '박준채'의 모습이야.
(박기옥 : 왼편 사진의 오른쪽 여학생)

☐ 1920년대 좌우합작 ☐ 11월 3일 학생의 날 ☐ 원산 총파업

- 미키 마우스 탄생 (C.E. 1928)
- 미국발 세계 대공황 시작 (C.E. 1929)

(국내, 국외에서) 학생들이 주체가 된 사회적 운동 2가지를 찾아서 적어보자.

기억UP! 고쌤의 상상스토리

광주학생운동은 3·1 운동과 6·10 만세 운동에 이어 세 번째로 크게 일어난 전국 항일운동이야. 나주역에서 일어난 일본 학생의 여학생 희롱 사건이 시발점이 되어 광주학생운동이 일어났고, 이내 전국적 항일 운동으로 퍼져나가게 된 거지. "일본의 **그 장난질(1929)**과 차별적 대우, 그만두지 못해?!!" 여학생을 보호하기 위해 뛰어가고 있는 광주 학생에게 응원을 보내 보자~

1929
그장난질

너만의 이미지를 그려봐!

1 -
9 -
2 -
9 -

1932년
이봉창과 윤봉길, 폭탄을 던지다

누가
이봉창, 윤봉길

어디서
일본 도쿄, 중국 상하이

    독립운동은 3·1 운동과 같은 비폭력적이고 평화로운 방법으로도 가능했으나 종종 폭력적인 방법으로 일어나 일제의 간담을 서늘하게 만들었단다. 일례로 1932년, 김구 선생은 한인 애국단을 만들어 일본의 주요 인물들을 암살할 계획을 세웠어. 한인 애국단의 단원으로 대표적인 분들이 바로 이봉창 의사와 윤봉길 의사야.

    이봉창 의사는 1월 8일 일본 도쿄에서 궁궐로 돌아가던 일본의 왕 히로히토의 마차를 향해 폭탄을 날렸어. 정확히 마차에 적중했으면 좋았겠지만 쉽지 않은 일이었지. 이 임무는 실패했고, 바로 그 자리에서 체포된 이봉창 의사는 결국 10월 10일, 32세의 나이로 생을 마감하셨어.

    같은 해 4월 29일, 윤봉길 의사는 상하이 훙커우 공원에서 열린 일왕의 생일잔치에 참석해 준비한 물통 폭탄을 무대로 던졌어. 그로 인해 일본의 높은 관료들이 엄청난 상해를 입었고, 심지어 사망하기도 했단다. 윤봉길 의사는 그 자리에서 체포되어 끔찍한 고문을 받았고 12월 19일, 불과 24세의 나이에 총살형으로 돌아가셨어.

    한인 애국단원들의 열정과 희생을 본 중국 정부는 조선의 독립운동을 상당히 높게 평가했어. 이후 대한민국 임시정부의 활동을 전폭적으로 지원해 주기도 했지.

검색 톡톡
☐ 김구와 윤봉길 시계　☐ 장제스의 지원　☐ 임시정부 이동 경로

① 클라이드 톰보, 명왕성 발견 (C.E. 1930)
② 남아프리카공화국 독립 (C.E. 1931)

생각 통통
너는 우리나라를 사랑한다고 느껴본 적 있어? 대한민국을 좋아하는 이유는 뭐야? 우리는 어떤 방법으로 나라 사랑하는 마음을 실천할 수 있을까?

기억 UP! 고쌤의 상상스토리

두 청년은 김구를 중심으로 한 한인 애국단에 소속되어 나라의 독립을 위해 활동한 우리의 영웅이야. 나라를 위해 목숨을 바칠 각오를 했다지만, 긴장되고 삼엄한 분위기 속에 주어진 임무를 수행해야 하는 윤봉길과 이봉창 의사는 **각자땀나(1932)**는 상황이었을 거야.

1932
각자땀나

상하이 점령 전승 기념 행사장을 공격하라!

일왕을 암살하라!

너만의 이미지를 그려봐!

1 -
9 -
3 -
2 -

1945년
8월 15일, 나라를 되찾다

누가
대한민국

어디서
한반도 전역

    1930년대 말, 일본은 중국과의 전투에서 승리하며 중국 북부 영토 대부분을 지배해 만주국이라는 괴뢰국(꼭두각시 지배자가 통치하는 국가)을 세운 후, 태평양 여러 섬까지 점령하며 점점 세력을 넓혀갔어. 그러던 중 건드려서는 안 되는 상대를 건드렸으니, 바로 미국이야.

    일본은 태평양을 모두 지배하겠다는 욕심으로 미국의 하와이를 공격했고, 잠시 당황한 미국은 태세를 정비해 반격을 시작한 후 곧 압도적인 힘의 차이를 보이며 일본 본토를 공격했어. (역사상 처음으로 일본 본토가 공격받은 사건이야) 이때 미국은 이제껏 한 번도 일어나지 않았고, 앞으로도 일어나서는 안 될 군사행동을 시행해. 원자폭탄 두 발을 일본 나가사키와 히로시마에 떨어뜨린 거지.

    원자폭탄의 위력 앞에 1945년 8월 15일 일본은 무조건 항복을 외쳤어. 비록 당시 대한민국 임시정부가 계획하고 있던 9월 초 한국광복군의 국내 진입 작전은 성사되지 못했으나 패망한 일본이 물러가고 우리가 나라를, 자유를, 빛을 되찾은 날이 8월 15일 光復(빛 광, 회복할 복)절이 된 것이란다.

 ☐ 제2차 세계 대전 ☐ 태평양 전쟁 ☐ 카이로 선언 ☐ 포츠담 선언   제2차 세계 대전 발발 (C.E. 1939)
  제2차 세계 대전 종전 (C.E. 1945)

 대한제국의 해방과 신라의 삼국통일에는 시대를 뛰어넘는 공통점(한계)이 있어. 그게 무엇일지 잘 생각하고 적어보자.

기억 UP! 고쌤의 상상스토리

드디어 광복의 해가 밝았어! 광복은 밝게 빛나는 복주머니로 표현해보았는데, 과연 복주머니 안에는 어떤 희망이 담겨 있을까? 35년간의 일제강점기라는 어두운 시기동안 우리는 나라를 잃은 설움과 일제의 만행을 견디며 나라를 되찾기 위해 고군분투했잖아. 그토록 기다리던 광복의 해가 우리에겐 **가장희망(1945)**의 해였을 거야.

1945
가장희망

너만의 이미지를 그려봐!

1 -
9 -
4 -
5 -

1948년
남과 북, 두 정부가 세워지다

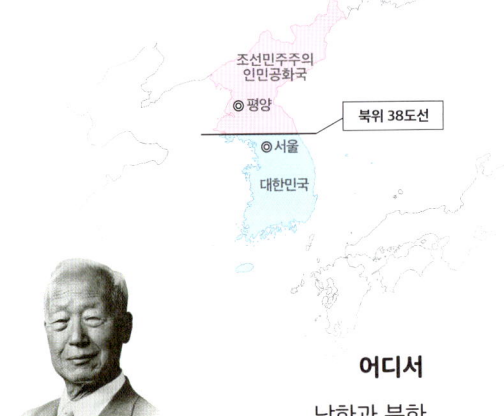

누가 이승만, 김일성

어디서 남한과 북한

1945년 8월 15일 우리는 나라를 되찾았지만 안타깝게도 우리 힘만으로 독립하지 못했어. 그래서 한반도에는 해방 후의 혼란스러운 정치 상황을 도와주겠다며 세계 양대 강국인 미국과 소련의 군대가 38도선을 기준으로 남쪽과 북쪽에 각각 들어오게 되었지.

처음에는 미국과 소련도 우리나라에 하나의 정부를 수립하려고 했어. 하지만 미국과 소련 간의 사이가 더욱 나빠지면서 하나의 정부를 수립하려는 노력은 모두 실패했고, 결국 미국은 이 문제를 국제연합(UN)에 맡겼단다. UN의 개입 방식이 마음에 들지 않던 소련은 UN 임시위원단의 북쪽 입국을 거부했어. 그 결과 북쪽을 제외하고 우선 남쪽에서 먼저 '대한민국' 정부를 세우고 선거를 실행하기로 했어. 김구 선생은 남한만의 단독정부가 수립되면 안 된다고 강력하게 반대했지만 1948년 5월 10일 선거는 시행되었고, 선거를 통해 뽑힌 국회의원들로 의회가 구성되었지.

제1대 제헌 의회에서는 사상 최초로 헌법에 의해 통치가 이뤄지는 민주공화국을 만들고 제1대 대통령으로 이승만을 선출했단다. 9월엔, 북한에서도 '조선민주주의인민공화국' 정부가 수립되었어. 결국 남과 북에 각각의 정부가 수립된 거야.

 □ 모스크바 3상회의 □ 좌우 합작 운동 □ 미소 공동 위원회

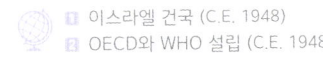
1 이스라엘 건국 (C.E. 1948)
2 OECD와 WHO 설립 (C.E. 1948)

 우리나라 헌법에서는 권력을 기본적으로 3권, 즉 입법, 사법, 행정권으로 분리했어. 왜 권력을 세 주체로 나누어 놓았을까?

기억 UP! 고쌤의 상상스토리

가장희망(1945)하던 광복 이후 우리는 모두 좋은 세상을 만들고 싶었어. 하지만 각자가 생각하는 나라의 이상적인 모습이 달랐고, 결국 한반도는 1948년 남과 북으로 나뉘어 각각 다른 정부를 만들게 되었지. 서로 **결정했어(1948)** 외치는 이들의 모습이 보이니? 과연 이러한 모습은 누가 원한 것일까?

1948
결정했어

그래! 결정했어

너만의 이미지를 그려봐!

1 -
9 -
4 -
8 -

1950년
6월 25일, 전쟁이 일어나다

누가
자유주의 진영, 사회주의 진영

어디서
한반도 전역

　남과 북으로 갈린 한반도. 둘 사이를 나누고 있는 38선 근방에서는 서로 간의 크고 작은 싸움이 종종 일어났어. 그러다 1950년 6월 25일 새벽 4시. 중국과 소련의 지원을 약속받은 북한이 김일성의 지휘 아래 남한을 기습 공격하며 내려오기 시작했지.

　전쟁 초반, 정신없이 밀려난 우리 군은 간신히 대구, 부산 지역을 지키고 있었고, 그때 도움의 손길을 내밀어 준 자들이 바로 미국을 중심으로 한 UN 군이었어. UN이 북한의 남한 침략을 불법이라 정의하고 군사 및 물자를 지원하기 시작한 거야. UN 군의 투입 이후 1950년 9월 15일, 인천 상륙작전의 기가 막힌 대성공으로 연합군과 우리 군은 북쪽을 향해 전진하기 시작했어.

　하지만 밀려나는 북한을 돕기 위해 중공군이 개입하며 이 전쟁은 끝을 알 수 없어지기 시작했단다. 격렬했던 1년여의 전쟁 기간을 보낸 뒤, 2년여간 진행된 휴전 협상. 그사이 한 뼘의 땅이라도 더 차지하기 위한 전쟁으로 38선 인근 강원도, 경기도 산지에서 양쪽 군대는 많은 생명의 희생을 감수해야 했어.

　결국, 전쟁이 일어나고 3년 1개월 2일 뒤, 한국전쟁은 승자도 패자도 없이 어마어마한 사상자와 희생만을 남긴 채 휴전상태로 매듭지어졌단다. 이 문제는 아직도 우리에게 풀어야 할 숙제로 남아있어.

☐ 냉전　☐ 김일성　☐ 마오쩌둥　☐ 스탈린　☐ 북한의 남침

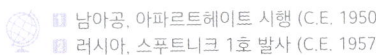
1 남아공, 아파르트헤이트 시행 (C.E. 1950)
2 러시아, 스푸트니크 1호 발사 (C.E. 1957)

전쟁은 갈등을 해결하는 최악의 방법 중 하나야. 그렇다면 전쟁 외에 네가 생각하는 가장 좋은 방법은 무엇이 있을지 3가지 제안을 적어볼래?

기억 UP! 고쌤의 상상스토리

현대전쟁은 대량 살상이 가능하기에 결과가 더욱 참혹해. 부모를 잃고 거리에서 울고 있는 아이, 시체 썩는 냄새에 모두 코를 막고 있지만, 남편의 시신 앞에 목놓아 우는 아내, 생동감은 사라지고 죽음의 찬기만 가득한 돌만 남은 마을들. 이 모두가 1950년 일어난 한국전쟁의 결말이야. 전쟁을 결정하는 사람들이 만든 결과는 어찌 보면 인간의 삶에 **가장먹칠(1950)**을 하는 것 같지 않니?

1950 가장먹칠

단비쌤의 생각 사(史)탕

'근현대를 매듭지으며'

우리도 '사랑' 할 수 있어요!

35년간의 일제강점기 이후 광복을 맞이했을 때 우리나라는 행복한 미래를 꿈꿨어요. 그런 우리에게 찾아온 1950년 한국전쟁은 빛을 다시 빼앗긴 듯 절망스러운 사건이었답니다. 종전이 아닌 휴전으로 한반도에 휴전선이 그어진 이후 대한민국은 어떤 시간을 보내왔을까요?

1960~70년대 사람들은 전쟁 이후 폐허가 된 땅 위에 빠르게 기틀을 세우고 싶었어요. 하지만 당시 우리나라는 기틀을 세울 자원도, 기술력도 없는 상태였지요. 그런데도 1970년대 이후 우리나라는 세계를 놀라게 할 엄청난 경제발전을 이루었답니다. 어떻게 그런 빠른 성장을 이룰 수 있었을까요? 바로 국민의 '노동력' 덕분이에요. 정부는 외국에서 돈을 빌려와 공장을 세워 노동자들을 통해 제품을 만든 뒤(제조업), 완제품을 수출해 외화를 벌어들이는 방법으로 경제 성장을 이루기 시작했어요. 농촌에는 농기계의 도입으로 농산물 생산량을 폭발적으로 늘리고 주거 환경을 개선하는 '새마을 운동'이 일어났고, 대도시에는 지하철이나 아파트 단지, 경부 고속도로와 포항제철 같은 사회기반시설이 건설되는 등 눈에 보이는 급격한 변화들이 일어났지요.

하지만 경제 발전의 빛 뒤에 그림자가 없을 순 없었겠죠? 그 당시 노동자들은 최저생계비에도 미치지 못하는 임금을 받고 하루 평균 12시간 이상씩 일을 하며, 한 달에 1~2일을 쉬었어요. 허리도 펴지 못하는 작업장에 앉아 밤낮없이 노동만 하는 열악한 환경에 병들어 죽는 사람들이 허다했지요. 사람들의 노동력을 끌어올리고 나라의 경제를 발전시키기 위해 박정희 대통령은 18년간 독재를 했고, '하면 된다'와 '빨리빨리'란 구호만 가득한 세상 속에서 '유신반대', '우리는 기계가 아니다' 등 인간답게 살고자 하는 사람들의 목소리는 힘으로 모두 제압되었어요.

그런데도 굴하지 않고 학생과 노동자, 지식인 등은 경제발전보다 민주화가 더 중요하다며 나라 곳곳에서 시위를 벌였어요. 그렇게 1980년대 우리나라에 격동의 '민주화' 바람이 불어온 거예요. 박정희 대통령 이후

군사정권을 잡은 전두환 대통령은 8년간의 독재를 이어가며 민주화운동을 끝없이 짓밟으려 했지만, 국민은 고개 숙이지 않았어요. 결국 5·18 민주화 운동, 6·10 민주화 운동 등으로 힘을 합친 국민은 군사정권을 몰아냈고, 대한민국 헌법 제1조 1, 2항의 내용대로 '대한민국은 민주공화국이다. 대한민국의 주권은 국민에게 있고, 모든 권력은 국민으로부터 나온다.'라는 문항을 실현했답니다.

역사를 공부할 때면 그 속에서 자랑스러운 일도, 숨기고 싶은 일도 만나게 돼요. 그래서 어떤 이는 선택할 여지 없이 출생하게 된 국가에 화가 나고 부끄럽다고 하기도 해요. 하지만 부끄러움을 참고, 모진 역경을 이겨내며 지금까지 꿋꿋이 버텨온 우리 선조들이 있었기에 지금의 대한민국이 존재할 수 있는 거예요. 아직 우리나라에는 남북문제를 포함하여 해결이 필요한 문제들이 많이 남아있어요. 그리고 우리는 선조들이 그랬던 것처럼 나라를 사랑하는 마음으로 이 문제들을 잘 해결해 나갈 수 있습니다. 생각보다 '애국'은 어렵지 않아요. 우리나라의 역사가 담아온 자랑스러운 이야기들을 기억하고 감사해하며, 역사 속 부끄러운 부분을 똑같이 반복하지 않고, 자신보다 '우리'를 한 번 더 생각하는 마음가짐! 거기서부터 애국은 시작될 수 있어요.

정유재란 중에 일어난 명량대첩을 영화화한 '명량'의 마지막 부분에, 노 젓는 사람들끼리 승리한 후의 소회를 나누는 장면이 나와요. "아따 후손들은 우리가 이렇게 고생해서 나라 지켜낸 거 알랑가?" "아니 모르면 그건 후손도 아니제!" 후세들에게 자랑스러운 선조가 되기 위해 우리 함께 자랑스러운 대한민국의 역사를 계속 써 내려 가봅시다. 여러분들이 바로 역사의 주인공입니다!

함께늘봄의 전문가가 추천하는
한국사를 위한 장소 11

재미와 의미를 찾아
전국을 누비는 젬마샘이랍니다.

- 15년 동안 전국 모든 곳을 다니며 3000회 이상 국내여행 및 교육 체험 활동을 진행한 인문학 여행 전문가
- 한국관광공사 행사 기획 및 진행
- 'DMZ 155M 평화 길을 함께 걷다' 기획 및 운영
- 평화 누리길 청년 원정대 운영위원
- 국제 청년 독도 프로젝트 진행
- 함께늘봄 강사양성 및 해설진행(팀장)

젬마쌤의 인터뷰
Jem ma's Interview

01

❓ 가본 곳 중 가장 기억나는 장소와 이유가 궁금해요.

단연 우리나라 최고의 박물관인 국립중앙박물관이요. 그 이유는 한곳에서 귀한 유물과 자료를 통해 우리 역사가 변해온 흐름을 알아볼 수 있기 때문에 가장 좋아합니다. 게다가 특별 전시나 3층 세계관을 통해 여러 나라에 관한 지식도 쌓을 수 있어서 추천해요.

02

❓ 현재 젬마쌤의 관심장소는 어딘가요?

2019년에 유네스코 세계유산에 등재된 '한국의 서원들'이요. 특히 뒤로는 대니산이, 앞으로는 낙동강이 흐르는 배산임수와 한 치의 오차도 없이 정확한 대칭을 보여주는 건축적 우수성이 뛰어난 도동서원과 우리나라 최초의 서원이자 임금에게 공식적으로 인정받은 최초의 사액서원으로 유학의 대부인 안향과 주세붕의 영정을 모신 영정각이 있는 소수서원이 가장 관심이 가요.

03

❓ 추천해주신 11개의 장소는 어떤 기준으로 선정된 건가요?

15년 동안 제가 직접 다녀온 곳 중에 시대별로 꼭 가봐야 할 장소를 추천했어요. 역사적으로 가장 중요한 장소이면서도 가족과 나들이하기 좋은 곳으로요. 교통편과 편의시설도 고려했고요. 장소마다 추천이유와 포토 TIP 그리고 재밌게 즐길 미션까지 적어놓았으니 꼭 다녀오길 바라요.

시대	국가	지역
고대	고구려	구리

01 첫 번째 코스 | 경기 구리시

📍 **고구려 대장간마을**

추천 이유
- 우리나라에서 찾아보기 드문 고구려 유적지 중의 한 곳이에요.
- 고구려의 건축 및 생활 양식을 엿볼 수 있는 곳이죠.
- 태왕사신기, 안시성, 계백 등의 촬영지랍니다.

포토 TIP
- 아차산 등산로와 연결되어있는 정상부 보루 길에서 한눈에 조망할 수 있는 한강 풍경

Mission
- 착한 사람에게만 보인다는 아차산 큰바위얼굴 찾기

시대	국가	지역
고대	백제	공주

02 두 번째 코스 | 충남 공주시

📍 공산성　📍 무령왕릉　📍 공주박물관

추천 이유
- 백제역사유적지구는 유네스코 세계유산으로 지정되었어요.
- 각 장소가 차로 10분 이내 거리에 있답니다.
- 백제에서 유일하게 도굴당하지 않은 왕릉을 완벽히 재현해 놓은 백제 무덤 양식에 들어가 볼 수 있어요.
- 근처 재래시장과 먹자골목 등 먹거리 풍부해요.

포토 TIP
- 송산리 고분군 끝까지 올라가 찍는 능선
- 공북루 정상에서 뒤를 돌아보면 피라미드를 거꾸로 뒤집어 놓은 듯한 만하루연지와 성곽 + 금강이 한 눈에 보임

Mission
- 공산성에서 글로벌이코노믹이 선정한 슈퍼문 보기

시대 **고대** | 국가 **신라** | 지역 **경주**

03 세 번째 코스 | 경북 경주시

주간 ♥ 석굴암 ♥ 불국사 ♥ 국립경주박물관
야간 ♥ 대릉원 ♥ 첨성대 ♥ 동궁과 월지

☑ 추천 이유
- 경주역사유적지구는 유네스코 세계유산으로 지정되었어요.
- 비단벌레 열차, 자전거 투어, 스탬프 투어 등 즐길 거리가 많은 곳이에요.
- 관광단지가 지구별로 나뉘어 있어 유적지 간의 이동이 쉬우며, 편의시설 (황리단길, 식당가, 전통시장 카페거리 등)이 적절히 밀집되어 있어요.
- 신라 유적지 출토 유물을 박물관에서 직접 볼 수 있으니 일석이조!

📷 포토 TIP
- 불국사 대웅전 전면 운판 앞에서 찍으면 다보탑과 석가탑을 동시에 담을 수 있음
- 첨성대 앞쪽으로 나와 첨성대를 손으로 잡거나 머리 위에 올려보기
- 동궁과 월지는 초입보다는 중간과 끝쪽에서 반영 찍기
- 대릉원에서는 황남대총 앞 작은 연지 앞에서 반영 찍기

🚩 Mission
- 불국사 극락전 현판 뒤의 실제 황금돼지를 찾아라
- 1000년 전 신라인의 변기를 찾아라

시대 **남북국** | 국가 **통일신라** | 지역 **완도군**

04 네 번째 코스 | 전남 완도군

♥ 청해진 유적지 ♥ 장보고 기념관

☑ 추천 이유
- 주민들의 밭이 1959년 태풍에 의해 훼손되면서 무려 1200년 만에 모습을 드러낸 의미 있는 곳이에요.
- 우리나라에서 보기 드문 해양 유적지랍니다.
- 장보고에 관련된 장소를 함께 볼 수 있어요. (장보고 기념관, 장보고 동상, 장보고 공원 등)

📷 포토 TIP
- 청해진 유적지 외성문에 올라서 바다와 함께 찰칵
- 청해포구 촬영소에서 드라마 해신의 주인공이 되어보자

🚩 Mission
- 청해진 유적지에 물때를 맞춰 가서 갯벌 위로 솟은 목책을 두 눈으로 확인하기

시대	시기	지역
고려	후기	인천

05 다섯 번째 코스 | 인천 강화군

📍 **강화역사박물관**(강화지석묘) 📍 **고려궁지**(용흥궁, 성공회성당)
📍 **광성보** 📍 **동막해수욕장**

✅ 추천 이유
- 지붕 없는 박물관이라 불리는 강화도! 고려 시대뿐만 아니라 청동기 시대(강화 지석묘 등), 조선 시대(외규장각 등)와 관련된 곳도 볼 수 있어요.
- 갯벌 체험 등 자연생태체험도 풍부해요.
- 고려궁지 근처 용흥궁, 성공회강화성당은 강화 나들이 14코스에 해당한답니다.

📷 포토 TIP
- 해수욕과 갯벌 체험을 동시에 할 수 있는 강화 동막해수욕장
- 석모도의 일몰은 눈에만 담기엔 너무나 아쉬움
- 꽃피는 봄에 고려궁지를 간다면 북문의 벚꽃길 강력추천
- 그렇다고 고려궁지만 보는 것은 하수, 나지막하지만 외규장각 뒤의 송악에 올라 강화도를 한눈에 바라봐야 고수

🚩 Mission
- 용흥궁에서 흥선대원군의 친필 현판과 강화유수부의 18개 면민들이 뜻을 모아 세워진 불망비 찾아보기

시대	시기	지역
고려	후기	합천군

06 여섯 번째 코스 | 경남 합천군

📍 **팔만대장경과 해인사** 📍 **대장경기록문화테마파크**

✅ 추천 이유
- 하나의 사찰에 유네스코 세계문화유산과 세계기록유산이 함께있는 희소성을 가진 장소예요.
- 대장경 테마파크와 고운 최치원 선생이 반해 신선이 되었다는 홍류동 계곡도 함께 볼 수 있어요.

📷 포토 TIP
- 여름이 오기 전에 방문한다면 해인사 소리길의 노랑 물결의 유채꽃밭에서 인생샷을 건지자.
- 해인사를 품은 가야산에서 찰칵 / 수다라장 월문에서 찍은 장경판전
- 유네스코 세계문화유산 표석에서 찰칵

🚩 Mission
- 대장경기록문화테마파크에서 고려 의복 체험하기
- 해인사 장경판전에서 유네스코 세계문화유산 인증서 찾기

> 시대 **조선** | 시기 **전기** | 지역 **서울**

07 일곱 번째 코스 | 서울 종로구

📍 종묘　📍 경복궁　📍 국립고궁박물관

☑ 추천 이유

- 서울 도심 한복판에서 훼손되지 않은 종묘의 녹음과 운치를 만날 수 있어요.
- 조선 시대 제례 문화와 세종대왕이 작곡한 종묘제례악을 들어볼 수 있어요. (1년에 딱 한 번 5월 첫째 주 일요일을 놓치지 마세요.)
- 경복궁의 수문장 교대 의식은 그 유명한 영국 버킹엄 궁전의 근위병 교대식 못지않답니다.
- 고궁박물관에서는 왕실 문화를 이해할 수 있는 유물뿐 아니라 다양한 전시 기법으로 전시된 4만여 점의 유물의 가치를 새롭게 확인할 수 있어요.

📷 포토 TIP

- 경복궁을 한눈에 담고 싶다면 한양도성 백악 구간의 정상에서 찰칵
- 종묘에서는 붉은 칠을 한 정전의 기둥을 중점으로 찰칵
- 종묘의 전경은 세운상가 옥상에서! 경복궁의 전경은 대한민국역사박물관 옥상에서 찰칵
- 경복궁 경회루에서는 건물의 반영을 배경 삼아 버드나무와 찰칵

🚩 Mission

- 경복궁 정전을 지키는 12지신 중 없는 동물은?
- 경복궁 처마 끝 잡상이 가장 많이 있는 건물은?
- 종묘의 정전 건물의 뒷모습에서 증축된 흔적 찾기
- 종묘의 외곽담장에서 각자석 찾아보기

> 시대 **조선** | 시기 **전기** | 지역 **서울**

08 여덟 번째 코스 | 서울 종로구

📍 창덕궁전각　📍 후원

☑ 추천 이유

- 우리나라 5대 궁궐 중 유일하게 세계문화유산으로 지정된 궁궐이에요.
- 자연스러운 산세에 따라 지어져 자연환경과 가장 완벽한 조화를 이루고 있는 궁궐이에요.

📷 포토 TIP

- 아라리오 뮤지엄 4층 레스토랑에서 보면 창덕궁을 한눈에 담을 수 있음 (사전예약 후 이용 가능)
- 희정당 앞에서 유일한 청기와 건물인 선정전과 대표 건물인 인정전을 동시에 찰칵 / 햇살이 눈 부실 때 낙선재의 창살과 꽃담에서 찰칵

🚩 Mission

- 동궐도에 나오는 고목을 찾아라
- 후원 부용지에서 물고기 조각을 찾아라

시대 **조선** | 시기 **후기** | 지역 **수원**

09 아홉 번째 코스 | 경기 수원시

📍 수원화성 📍 행궁 📍 수원화성박물관

✅ 추천 이유

- CNN이 선정한 한국에서 꼭 가봐야 할 아름다운 곳!
- 18세기 동양을 대표하는 군사 건축물의 걸작을 만날 수 있어요.
- 화성어차, 국궁체험, 성곽길, 스탬프투어 등 다양한 체험과 낙성연전통공연, 무예24기 등의 상설공연이 준비되어 있어요.

📷 포토 TIP

- 화성에서 가장 높은 서장대에 올라 화성과 행궁을 한눈에 담기
- 용연에서 방화수류정을 배경으로 반영사진 찍는 건 하수 일몰이나 야간 개장 때의 조명과 함께 찍으면 고수
- 동암문과 동장대, 북암문과 방화수류정까지 한 번에 담을 수 있는 동북 포루에서 찰칵

🚩 Mission

- 창룡문에서 찾아보는 공사실명제 표시 각자성석
- 행궁 소원나무에서 소원 빌기
- 장안문 가는 길에 곡자성돌 찾기!

시대 **근현대** | 시기 **20세기** | 지역 **서울**

10 열 번째 코스 | 서울 종로구

📍 대한민국역사박물관 📍 경교장 📍 김구기념관

✅ 추천 이유

- 근현대사의 흐름과 '기미독립선언문', '님의 침묵'과 같은 희귀자료를 볼 수 있는 박물관이에요. (대한민국역사박물관)
- 경교장과 김구기념관을 통해 우리 현대사에서 큰 비중을 차지하고 있는 인물인 김구에 관해 자세히 알아볼 수 있어요.
- 대중교통의 접근성이 좋고 주변 궁궐과 박물관, 문화복합시설도 연계하여 이용하기 좋아요.

📷 포토 TIP

- 대한민국역사박물관 옥상정원에서 경복궁 한눈에 담기
- 대한민국역사박물관에서 청와대를 배경으로 대통령 되기
- 김구 묘역에서 김구기념관 추모관을 향해 사진찍기

🚩 Mission

- 효창공원에서 특별한 표식과 특별한 무궁화를 찾아보기
- 경교장에서 김구 선생님이 서거하신 총탄 흔적 찾기

시대	시기	지역
근현대	20세기	파주

11 열한 번째 코스 | 경기도 파주

파주일대 DMZ

- 임진각평화누리공원
- 제3땅굴
- 도라산역과 전망대
- 캠프 그리브스

☑ 추천 이유

- DMZ투어 외에 파주 마장 호수 출렁다리, 파주출판도시, 헤이리 마을, 벽초지수목원 등 둘러볼 곳이 주변에 많아요.
- 눈앞에서 개성시, 송악산 등의 북한의 모습과 분단의 현실을 느낄 수 있어요.
- 캠프 그리브스는 미군이 50년 동안 주둔해 민간인 출입이 통제되었어요. 이제는 군인 숙박 체험이 가능해져 강력 추천합니다.
- 임진각평화누리공원까지 가는 다양한 버스와 이색적인 DMZ 열차를 타고 가볼 수 있어 국경 인근임에도 접근성이 좋아요.

📷 포토 TIP

- DMZ 관문인 임진각평화누리공원에서 녹슨 철마가 놓인 철로, 평화의 바람이 부는 바람개비와 함께 찰칵
- 도라산전망대에서 DMZ의 생태와 북한의 개성공단, 송악산, 자유의 마을 등을 조망하고 찰칵
- 캠프 그리브스에선 나도 멋진 군인이 되어 군시설을 배경으로 이국적인 모습 체험하기
- 황포돛배에서 찍은 60만 년 전 형성된 20m의 붉은 수직 절벽[임진적벽]에서 찰칵

🚩 Mission

- 캠프 그리브스에서 미국군이 사용하던 막사가 어떻게 변했는지 확인하기
- 하루에 2번 운행하는 DMZ 열차로 임진각평화누리공원 가보기

가기전 꼼꼼 점검!

1. 아는 만큼 보인다는 말이 있어요. 관련된 인물과 사건에 관한 책을 읽거나 검색을 통해 최소한의 정보를 알고 가면 좋아요.
2. 역사여행이 처음이라면 교과서에 나오는 장소를 우선 다녀오는 것을 추천해요.
3. 사전 체크사항을 확인해보세요.
   - 휴무일 / 입장료 / 주차장 / 동절기와 하절기에 따라 달라지는 입장 시간
   - 사전예약이 필수인지 확인해보세요.
4. 소중한 우리의 문화유산은 우리가 지켜요.
   - 문화재 보호선 넘어가지 않기 / 낙서나 훼손하지 않기 / 야외 전시물 손대지 않기

역사와 함께하는 여행지 추천 220

서울

강북	국립 4.19 민주묘지
강서	허준박물관
동작	국립서울현충원
서대문	동북아역사재단독도체험관
서대문	서대문형무소역사관
서울	조선왕릉 _ UNESCO
서초	대법원법원전시관
성동	청계천박물관
송파	롯데월드민속박물관
송파	한성백제박물관
영등포	국회의사당
용산	국립중앙박물관
용산	국립한글박물관
용산	백범김구기념관 / 종로 경교장
용산	전쟁기념관
종로	경복궁
종로	국립고궁박물관
종로	국립민속박물관
종로	대한민국역사박물관
종로	문묘와 성균관
종로	북촌한옥마을
종로	서울역사박물관
종로	세종이야기
종로	운현궁
종로	인사동 3.1 운동길
종로	종묘 _ UNESCO
종로	창경궁
종로	창덕궁과 후원 _ UNESCO
종로	청와대사랑채
중구	남산골한옥마을
중구	덕수궁과 정동길
중구	안중근기념관

인천

강화	보문사
강화	강화역사박물관과 고인돌유적
강화	강화자연사박물관
강화	전등사
강화	강화전적지5개소
연수	인천상륙작전기념관
중구	개항장거리

경기

경기	조선왕릉 _ UNESCO
고양	행주산성역사누리길
광주	남한산성
구리	고구려대장간마을
김포	문수산성
남양	정약용유적지
수원	봉녕사
수원	수원박물관
수원	수원화성과 수원화성박물관
여주	명성황후생가
여주	영릉과 세종대왕역사문화관
연천	전곡리유적토층전시관
용인	한국민속촌
파주	임진각관광지
파주	이이 유적
포천	한탄강지질공원센터
하남	이성산성/하남역사박물관
화성	제암리 3.1 운동순국유적

충북

괴산	우암송시열유적
단양	단양금굴구석기유적지
단양	온달국민관광지/온달산성
보은	법주사 _ UNESCO
보은	삼년산성
보은	정이품송
청주	국립청주박물관
충주	탄금대와 탄금대공원

충남

공주	공산성 _ UNESCO
공주	국립공주박물관
공주	마곡사 _ UNESCO
공주	석장리고분사유적지
공주	송산리고분군과 무령왕릉 _ UNESCO
논산	견훤왕릉
논산	계백장군유적지
논산	돈암서원 _ UNESCO
부여	부여관북리유적과 부소산성 _ UNESCO
부여	국립부여박물관
부여	나성(유네스코)
부여	낙화암과 고란사
부여	능산리고분군 _ UNESCO
부여	백제문화단지
부여	정림사지오층석탑 _ UNESCO
아산	이충무공묘
아산	현충사
천안	독립기념관
홍성	한용운선생생가지

세종

세종	국립조세박물관
세종	김종서장군묘
세종	미래엔교과서박물관
세종	연기운주산성

대전

동구	우암사적공원
서구	천연기념물센터
유성	국립대전현충원
유성	국립중앙과학관
유성	대전선사박물관
유성	대전시립박물관
유성	엑스포 과학공원
유성	지질박물관

전북

고창	고인돌유적 _ UNESCO
군산	군산근대역사박물관
남원	광한루
무주	적상산사고지유구
순창	순창장류박물관
익산	미륵사지 _ UNESCO
익산	왕궁리유적 _ UNESCO
장수	논개사당(의암사)
전주	경기전
전주	국립전주박물관
전주	한옥마을
정읍	무성서원 _ UNESCO

전남

목포	일제강점기 건축물들
순천	선암사 _ UNESCO
순천	순천왜성
여수	흥국사
영암	마한문화공원
영암	성기동국민관광지
완도	장도청해진장보고유적
장성	필암서원 _ UNESCO
해남	대흥사 _ UNESCO
화순	화순고인돌군유적 _ UNESCO

광주

광산	삼거동 고인돌
동구	4.19 민주혁명역사관
동구	5.18 민주광장
북구	광주비엔날레전시관
북구	국립 5.18 민주묘지
북구	국립광주박물관
서구	5.18 자유공원
서구	8경
서구	광주학생독립운동기념관

- 역사 현장을 더 자세히 알아볼 수 있는 장소 3,857곳 중 **중요도가 높은 220곳**을 선정하였습니다.
- 한국관광공사에서 추천하는 곳, 본문과 직.간접적 관련이 있는 곳, 최소 1시간 이상의 볼거리 등을 고려했습니다.
- 2020년 8월 네이버로 검색 시 나오는 대표 명칭이며, 장소는 **가나다순**으로 정리하였습니다.

강원

강릉	경포대
강릉	오죽헌
강릉	허균.허난설헌생가터
삼척	공양왕릉
속초	속초시립박물관
양양	낙산사와 의상대
영월	장릉 _ UNESCO
영월	청령포관음송과 단종대왕유배지
인제	만해마을
백마	백마고지기념관
철원	평화전망대
철원	DMZ 안보견학
춘천	국립춘천박물관
춘천	김유정문학촌

경남

고성	당항포국민관광단지
김해	국립김해박물관
김해	김해수로왕릉/수로왕비릉
남해	관음포이충무공전몰유허
남해	충렬사와 거북선
양산	통도사 _ 유네스코
진주	진주성과 국립진주박물관
창원	국립 3.15 민주묘지
통영	삼도수군통제영
통영	세병관
통영	충렬사
통영	한산도이충무공유적
함안	아라가야고분군과 함안박물관
함양	남계서원 _ UNESCO
합천	해인사

경북

경주	국립경주박물관
경주	금관총
경주	경주김유신묘
경주	나정과 양산재
경주	경주대릉원일원(노서리)
경주	동궁과 월지
경주	무열왕릉
경주	경주문무대왕릉
경주	불국사 _ UNESCO
경주	석굴암 _ UNESCO
경주	신문왕릉
경주	경주역사유적지구대릉원지구
경주	경주역사유적지구월성지구
경주	옥산서원 _ UNESCO
경주	첨성대
경주	포석정지
고령	대가야유적지
상주	견훤산성
안동	도산서원 _ UNESCO
안동	병산서원 _ UNESCO
안동	봉정사 _ UNESCO
안동	안동민속촌과 월영교
안동	하회마을
영주	부석사 _ UNESCO
영주	소수서원 _ UNESCO
영천	대한불교영천포교당
칠곡	가산산성

제주

서귀포	알뜨르비행장과 일본군비행기격납고
서귀포	용머리하멜상선전시관과 하멜기념비
제주	국립제주박물관
제주	제주삼성혈
제주	항파두리항몽유적지

대구

달성	대한불교조계종대견사
달성	도동서원 _ UNESCO
달성	육신사
동구	신숭겸장군유적지
동구	조양회관
수성	국립대구박물관
중구	국채보상운동기념관
중구	약령시한의약박물관
중구	시인이상화고택
중구	향촌문화관

울산

남구	울산박물관
동구	대왕암공원
북구	박상진의사생가
울산	울산대곡박물관
울주	반구대암각화
울주	서생포왜성
울주	울산암각화박물관
울주	작천정계곡
울주	충렬공박제상기념관
중구	태화루

부산

금정	범어사
금정	금정산성
기장	해동용궁사
남구	부산박물관과 국립일제강제동원역사관
동래	부산해양자연사박물관
동래	읍성임진왜란역사관과 복천박물관
동래	장영실과학동산
동래	충렬사
부산	부산복천동고분군
영도	국립해양박물관
중구	백산기념관
중구	부산근대역사관

사진자료 출처

■ **국립중앙박물관**
본 저작물은 국립중앙박물관에서 공공누리 제 1유형으로 개방한 자료를 이용하였으며, 해당저작물은 국립중앙박물관 홈페이지에서 무료로 다운받으실 수 있습니다. (18, 77, 78, 83)

■ **국립문화재연구소**
본 저작물은 국립문화재연구소에서 공공누리 제 1유형으로 개방한 자료를 이용하였으며, 해당저작물은 국립문화재연구소 홈페이지에서 무료로 다운받으실 수 있습니다. (31)

■ **문화재청**
본 저작물은 문화재청에서 공공누리 제 1유형으로 개방한 자료를 이용하였으며, 해당저작물은 문화재청 홈페이지에서 무료로 다운받으실 수 있습니다. (51, 73, 87)

■ **영화의 한 장면**
(23, 75, 81, 88, 105)

■ **고대**
(1)gettyimagesbank, (12,14)CC BY-SA 3.0 ⓒLawinc82, (20)ⓒ이희동

■ **남북국**
(27)CC-BY-SA-3.0 ⓒ편성재, (28)CC BY-SA 3.0 ⓒQkqhrhkdtn, (30)CC BY-SA 4.0 ⓒAsadal, (30)CC-BY-SA-3.0 ⓒRichardfabi, (34)DMZ 생태평화공원, (35)BY-SA-4.0

■ **고려**
(51)CC BY-SA 2.0 ⓒLauren Heckler

■ **조선**
(60)CC BY picuki ⓒpusanjin7, (61)CC BY-SA 4.0 ⓒJocelyndurrey, (62)CC BY-SA 4.0 ⓒStory-grapher, (63)CC BY-SA 4.0 ⓒ三猫, (64)ⓒ네이버 개미실사랑방, (71)CC BY-SA 4.0 ⓒJocelyndurrey, (73)CC BY-SA 2.0 문화체육관광부 해외문화홍보원 전한, (74)강화군청, (80)gettyimagesbank, (88)한국민속대백과사전

■ **근현대**
(94)공공누리1유형 사진제공(김지호)-한국관광공사, (97)CC BY-SA 4.0 ⓒRtflakfizer, (99)CC BY-SA 4.0 ⓒBlack207, (99)CC BY-SA 3.0 ⓒRYU Cheol, (101)안중근의사기념관

[**한국사를 위한 장소**]

- 고구려대장간마을 _구리시 고구려 대장간 마을
- 공산성_사진제공(김지호)-한국관광공사
- 무령왕릉내부 및 송산리고분군_공주시청관광과
- 안압지_WLM2016(CC BY-SA 4.0)Ronnie Dayo
- 대릉원 및 불국사_경주시 관광자원
- 청해진유적_장보고기념관
- 청해포구촬영지_완도군청
- 고려궁지_강화군청
- 광성보_강화군청
- 동막해수욕장_gettyimagesbank
- 해인사-사진제공(이범수)_한국관광공사
- 경복궁_gettyimagesbank
- 경회루_gettyimagesbank
- 종묘_wikimedia/Goodbye4ever
- 창덕궁내부_gettyimagesbank
- 창덕궁희정당_gettyimagesbank
- 수원화성_사진제공(오도연)_한국관광공사
- 수원화성(방화수류정)_gettyimagesbank
- 대한민국역사박물관내부_한국관광공사
- 경교장_직접촬영
- DMZ로고_직접촬영(이젬마)
- 임진각_gettyimagesbank
- 캠프그리브스_직접촬영(이젬마)

보기만 해도 저절로 떠오르는
'역사기억법' 한국사 110

초판 1쇄 발행 2021년 1월 3일

글 고혜정, 김봄날, 박단비, 정근웅

그림 임정재(메인), 김희수(누가 및 함께늘봄 캐릭터)

감수 노곤

기획 고혜정

디자인책임 김희수

펴낸곳 함께늘봄

주소 서울시 중구 청계천로 40 7층 한국관광공사(다동)

고객센터 카카오톡 채널 @함께늘봄

홈페이지 withneulbom.com

출판신고 제 2020-000184호

이 책은 저작권법에 따라 국내에서 보호받는 저작물이므로 무단전재와 무단복제를 금지하며,
이 책의 내용의 전부 또는 일부를 이용하려면 반드시 함께늘봄의 서면 동의를 받아야 합니다.